नये युग में शत्रु

[कविताएँ]

नये युग में शत्रु

मंगलेश डबराल

राधाकृष्ण
नयी दिल्ली पटना इलाहाबाद कोलकाता

ISBN : 978-81-8361-386-6

नये युग में शत्रु

पहला संस्करण : 2013

मूल्य : ₹ 195

प्रकाशक

राधाकृष्ण प्रकाशन प्राइवेट लिमिटेड
7/31, अंसारी रोड, दरियागंज, नयी दिल्ली-110 002

शाखाएं : अशोक राजपथ, साइंस कॉलेज के सामने, पटना-800 006
पहली मंज़िल, दरबारी बिल्डिंग, महात्मा गांधी मार्ग, इलाहाबाद-211 001
36 ए, शेक्सपियर सरणी, कोलकाता-700 017

वेबसाइट : www.radhakrishanprakashan.com
ई-मेल : info@radhakrishanprakashan.com

आवरण : असद ज़ैदी

आवरण फ़ोटो : भूपिंदर बराड़

मुद्रक

बी.के. ऑफसेट
नवीन शाहदरा, दिल्ली-110 032

NAYE YUG MEIN SHATRU
Poems by Mangalesh Dabral

कवि-मित्र सुदीप बॅनर्जी की स्मृति में
जो इस संग्रह के प्रकाशन के बारे में अकसर पूछते थे

अनुक्रम

नये युग में शत्रु

मांगना

जब भी ख़ुद पर निगाह डालता हूँ
पलक झपकते ही मां स्मृति में लौट जाती है
मैं याद करता हूं कि उसने मुझे जन्म दिया था
कभी-कभी लगता है यह मुझे लगातार जनमती रही
पिता ने मुझ पर पैसे लुटाये और कहा
शहरों में भटकते हुए तुम कहीं घर की सुध लेना भूल न जाओ
दादा ने पिता को नसीहत दी
जैसा हुनरमंद मैंने तुम्हें बनाया उसी तरह अपने बेटे को बनाओ

दोस्तों ने मेरी पीठ थपथपायी
मुझे उधार दिया और कहा उधार प्रेम की कैंची नहीं हुआ करती
जिससे मैंने प्रेम किया
उसने कहा मेरी छाया में तुम जितनी देर रह पाओ
उतना ही तुम मनुष्य बन सकोगे
किताबों ने कहा हमें पढ़ो
ताकि तुम्हारे भीतर चीज़ों को बदलने की बेचैनी पैदा हो सके

अजीबोग़रीब है जीवन का हाल
वह अब भी भटकता है और जगह-जगह दस्तक देता है
मांगता रहता है अपने लिए
कभी जन्म कभी पैसे कभी हुनर कभी उधार
कभी बेचैनी कभी प्रेम.

(2012)

घटती हुई ऑक्सीजन

अकसर पढ़ने में आता है
दुनिया में ऑक्सीजन कम हो रही है
कभी ऐन सामने दिखाई दे जाता है कि वह कितनी तेज़ी से घट रही है
रास्तों पर चलता हूं खाना खाता हूं पढ़ता हूं सोकर उठता हूं
तो एक लंबी जमुहाई आती है
जैसे ही किसी बंद वातानुकूलित जगह में बैठता हूं
उबासी एक झोंका भीतर से बाहर आता है
एक ताक़तवर आदमी के पास जाता हूं
तो तत्काल ऑक्सीजन की ज़रूरत महसूस होती है
बढ़ रहे हैं नाइट्रोजन सल्फ़र कार्बन के ऑक्साइड
और हवा में झूलते हुए चमकदार और ख़तरनाक कण
बढ़ रही है घृणा दमन प्रतिशोध और कुछ चालू क़िस्म की ख़ुशियां
चारों ओर गर्मी स्प्रे की बोतलें और ख़ुशबूदार फुहारें बढ़ रही हैं

अस्पतालों में दिखाई देते हैं ऑक्सीजन से भरे हुए सिलिंडर
नीमहोशी में डूबते-उतराते मरीज़ों के मुंह पर लगे हुए मास्क
और उनके पानी में बुलबुले बनाती हुई थोड़ी-सी प्राणवायु
ऐसी जगहों की तादाद बढ़ रही है
जहां सांस लेना मेहनत का काम लगता है
दूरियां कम हो रही हैं लेकिन उनके बीच निर्वात बढ़ते जा रहे हैं
हर चीज़ ने अपना एक दड़बा बना लिया है
हर आदमी अपने दड़बे में क़ैद हो गया है
स्वर्ग तक उठे हुए चार-पांच-सात सितारा मकानात चौतरफ़ा
महाशक्तियां एक लात मारती हैं
और आसमान का एक टुकड़ा गिर पड़ता है

ग़रीबों ने भी बंद कर लिये हैं अपनी झोंपड़ियों के द्वार
उनकी छतें गिरने-गिरने को हैं
उनके भीतर की आक्सीजन वहां दबने जा रही है

आबोहवा की फ़िक्र में आलीशान जहाज़ों में बैठे हुए लोग
जा रहे हैं एक देश से दूसरे देश
ऐसे में मुझे थोड़ी ऑक्सीजन चाहिए
वह कहां मिलेगी
पहाड़ तो मैं बहुत पहले छोड़ आया हूं
और वहां भी वह सिर्फ़ कुछ ढलानों-घाटियों के आसपास घूम रही होगी
जगह-जगह प्राणवायु के मांगनेवाले बढ़ रहे हैं
उन्हें बेचनेवाले सौदागरों की तादाद बढ़ रही है
भाषा में ऑक्सीजन लगातार घट रही है
उखड़ रही है शब्दों की सांस.

(2012)

नये युग में शत्रु

अंततः हमारा शत्रु भी एक नये युग में प्रवेश करता है
अपने जूतों कपड़ों और मोबाइलों के साथ
वह एक सदी का दरवाज़ा खटखटाता है
और उसके तहख़ाने में चला जाता है
जो इस सदी और सहस्राब्दी की ही तरह अथाह और अज्ञात है
वह जीत कर आया है और जानता है कि उसकी लड़ाइयां बची हुई हैं
हमारा शत्रु किसी एक जगह नहीं रहता
लेकिन हम जहां भी जाते हैं पता चलता है वह और कहीं रह रहा है
अपनी पहचान को उसने हर जगह घुला-मिला दिया है
जो लोग ऊंची जगहों में भव्य कुर्सियों पर बैठे हुए दिखते हैं
वे शत्रु नहीं सिर्फ़ उनके कारिंदे हैं
जिन्हें वह भर्ती करता रहता है
ताकि हम उसे खोजने की कोशिश न करें

वह अपने को कंप्यूटरों टेजीविज़नों मोबाइलों
आइपैडों की जटिल आंतों के भीतर फैला देता है
अचानक किसी महंगी गाड़ी के भीतर उसकी छाया नज़र आती है
लेकिन वहां पहुंचने पर दिखता है वह वहां नहीं है
बल्कि किसी नयी और ज़्यादा महंगी गाड़ी में बैठ कर चल दिया है
कभी लगता है वह किसी फ़ैशन परेड में शिरकत कर रहा है
लेकिन वहां सिर्फ़ बनियानों जांघियों और प्रसाधनों का ढेर दिखाई देता है
हम सोचते हैं शायद वह किसी ग़रीब के घर हमला करने चला गया है
लेकिन वह वहां से भी जा चुका है
वहां एक परिवार अपनी ग़रीबी में से झांकता हुआ टेलीविज़न देख रहा है
जिस पर एक रंगीन कार्यक्रम आ रहा है

हमारे शत्रु के पास बहुत से फ़ोन नंबर हैं ढेरों मोबाइल
वह लोगों को सूचना देता है आप जीत गये हैं
एक विशाल प्रतियोगिता में आपका नाम निकल आया है
आप बहुत सारा क़र्ज़ ले सकते हैं बहुत-सा सामान ख़रीद सकते हैं
एक अकल्पनीय उपहार आपका इंतज़ार कर रहा है
लेकिन पलट कर फ़ोन करने पर कुछ नहीं सुनाई देता

हमारा शत्रु कभी हमसे नहीं मिलता सामने नहीं आता
हमें ललकारता नहीं
हालांकि उसके आने-जाने की आहट हमेशा बनी हुई रहती है
कभी-कभी उसका संदेश आता है कि अब कहीं शत्रु नहीं हैं
हम सब एक दूसरे के मित्र हैं
आपसी मतभेद भुलाकर आइए हम एक ही प्याले से पियें
वसुधैव कुटुंबकम् हमारा विश्वास है
धन्यवाद और शुभरात्रि.

(2012)

आदिवासी

इंद्रावती गोदावरी शबरी स्वर्णरेखा तीस्ता बराक कोयल
सिर्फ़ नदियां नहीं उनके वाद्ययंत्र हैं
मुरिया बैगा संथाल मुंडा उरांव डोंगरिया कोंध पहाड़िया
महज़ नाम नहीं वे राग हैं जिन्हें वह प्राचीन समय से गाता आया है
और यह गहरा अरण्य उसका अध्यात्म नहीं उसका घर है

कुछ समय पहले तक वह अपनी तस्वीरों में
एक चौड़ी और उन्मुक्त हंसी हंसता था
उसकी देह नृत्य की भंगिमाओं के सहारे टिकी रहती थी
एक युवक एक युवती एक दूसरे की ओर इस तरह देखते थे
जैसे वे जीवन भर इसी तरह एक दूसरे की ओर देखते रहेंगे
युवती बालों में एक फूल खोंसे हुए
युवक के सर पर बंधी हुई एक बांसुरी जो अपने आप बजती हुई लगती थी

अब क्षितिज पर बार-बार उसकी काली देह उभरती है
वह कभी उदास और कभी डरा हुआ दिखता है
उसके आसपास पेड़ बिना पत्तों के हैं और मिट्टी बिना घास की
यह साफ़ है कि उससे कुछ छीन लिया गया है
उसे अपने अरण्य से दूर ले जाया जा रहा है
उसने लोहे कोयले और अभ्रक से दूर
घास की ढलानों से तपती हुई चट्टानों की ओर
सात सौ साल पुराने हरसूद से एक नये और बियावान हरसूद की ओर
पानी से भरी हुई टिहरी से नयी टिहरी की ओर जहां पानी ख़त्म हो गया है
वह कैमरे की तरफ़ ग़ुस्से से देखता है
और अपने अमर्ष का एक आदिम गीत गाता है

उसने किसी तरह एक बांसुरी और एक तुरही बचा ली है
एक फूल एक मांदर एक धनुष बचा लिया है
अख़बारी रिपोर्टें बतलाती हैं कि जो लोग उस पर शासन करते हैं
देश के 636 में से 230 ज़िलों में
उनका उससे मनुष्यों जैसा कोई सरोकार नहीं रह गया है
उन्हें सिर्फ़ उसके पैरों तले की ज़मीन में दबी हुई
सोने की एक नयी चिड़िया दिखाई देती है
एक दिन वह अपने वाद्ययंत्रों को पुकारता है
अपनी नदियों जगहों और नामों को
अपने लोहे कोयले और अभ्रक को बुला लाता है
अपने मांदर तुरही और बांसुरी को ज़ोरों से बजाने लगता है
तब जो लोग उस पर शासन करते हैं
वे तुरंत अपनी बंदूक़ें निकाल कर ले आते हैं.

(2012)

बची हुई जगहें

रोज़ कुछ भूलता कुछ खोता रहता हूं
चश्मा कहां रख दिया है क़लम कहां खो गया है
अभी-अभी यहां नीला रंग देखा था वह पता नहीं कहां चला गया
चिट्ठियों के जवाब देना क़र्ज़ की क़िस्तें चुकाना भूल जाता हूं
दोस्तों को सलाम और विदा कहना याद नहीं रहता
अफ़सोस प्रकट करता हूं कि मेरे हाथ ऐसे कामों में उलझे रहे
जिनका मेरे दिमाग़ से कोई मेल नहीं था
कभी ऐसा भी हुआ जो कुछ भूला था उसका याद न रहना भूल गया

मां कहती थी उस जगह जाओ
जहां आख़िरी बार तुमने उन्हें देखा उतारा या रखा था
अमूमन मुझे वे चीज़ें मिल जातीं और मैं ख़ुश हो उठता
मां कहती थी चीज़ें जहां होती हैं
अपनी एक जगह बना लेती हैं और वह आसानी से मिटती नहीं
मां अब नहीं है सिर्फ़ उसकी जगह बची हुई है

चीज़ें खो जाती हैं लेकिन जगहें बनी रहती हैं
हम कहीं और चले जाते हैं अपने घरों लोगों अपने पानी और पेड़ों से दूर
मैं जहां से एक पत्थर की तरह खिसक कर चला आया
उस पहाड़ में भी एक छोटी-सी जगह बची होगी
इस बीच मेरा शहर एक विशालकाय बांध के पानी में डूब गया
उसके बदले वैसा ही एक और शहर उठा दिया गया
लेकिन मैंने कहा मेरा शहर एक ख़ाली जगह है

घटनाएं विलीन हो जाती हैं
लेकिन वे जगहें बनी रहती हैं जहां वे घटित हुई थीं
जमा होती जाती हैं साथ चलती रहती हैं
याद दिलाती हुईं कि हम क्या भूल गये हैं और हमने क्या खो दिया है.

(2012)

यथार्थ इन दिनों

मैं जब भी यथार्थ का पीछा करता हूं
देखता हूं वह भी मेरा पीछा कर रहा है मुझसे तेज़ भाग रहा है
घर हो या बाज़ार हर जगह उसके दांत चमकते हुए दिखते हैं
अंधेरे में रोशनी में
घबराया हुआ मैं नींद में जाता हूं तो वह वहां मौजूद होता है
एक स्वप्न से निकलकर बाहर आता हूं
तो वह वहां भी पहले से घात लगाये हुए रहता है

यथार्थ इन दिनों इतना चौंधियाता हुआ है
कि उससे आंखें मिलाना मुश्किल है
मैं उसे पकड़ने के लिए आगे बढ़ता हूं
तो वह एक हिंस्र जानवर की तरह हमला करके निकल जाता है
सिर्फ़ कहीं-कहीं उसके निशान दिखाई देते हैं
किसी सड़क पर जंगल में पेड़ के नीचे
एक झोंपड़ी के भीतर एक उजड़ा हुआ चूल्हा एक ढही हुई छत
छोड़कर चले गये लोगों का एक सुनसान

एक मरा हुआ मनुष्य इस समय
जीवित मुनष्य की तुलना में कहीं ज़्यादा कह रहा है
उसके शरीर से बहता हुआ रक्त
शरीर के भीतर दौड़ते हुए रक्त से कहीं ज़्यादा आवाज़ कर रहा है
एक तेज़ हवा चल रही है
और विचारों स्वप्नों स्मृतियों को
फटे हुए काग़ज़ों की तरह उड़ा रही है
एक अंधेरी-सी काली-सी चीज़

हिंस्र पशुओं से भरी हुई रात[1] चारों ओर इकट्ठा हो रही है
एक लुटेरा एक हत्यारा एक दलाल
आसमानों पहाड़ों मैदानों को लांघता हुआ जा रहा है
उसके हाथ धरती के मर्म को दबोचने के लिए बढ़ रहे हैं

एक आदिवासी को उसके जंगल से खदेड़ने का ख़ाका बन चुका है
विस्थापितों की एक भीड़
अपनी बचीखुची गृहस्थी को पोटलियों में बांध रही है
उसे किसी अज्ञात भविष्य की ओर ढकेलने की योजना तैयार है
ऊपर आसमान में एक विकराल हवाई जहाज़ बम बरसाने के लिए तैयार है
नीचे घाटी में एक आत्मघाती दस्ता
अपने सुंदर नौजवान शरीरों पर बम और मिसाइलें बांधे हुए है
दुनिया के राष्ट्राध्यक्ष अंगरक्षक सुरक्षागार्ड सैनिक अर्द्धसैनिक बल
गोलियों बंदूक़ों रॉकेटों से लैस हो रहे हैं
यथार्थ इन दिनों बहुत ज़्यादा यथार्थ है
उसके शरीर से ज़्यादा दिखाई दे रहा है उसका रक्त.

(2010)

---

1. निराला की कविता 'शिशिर की शर्वरी' का संदर्भ

नया बैंक

नया बैंक पुराने बैंक की तरह नहीं है
उसमें पुराने बैंक की कोई छाया नहीं है
उसका लोहे की सलाख़ों वाला दरवाज़ा और पुराना अंधेरा नहीं है
लॉकर और स्ट्रांगरूम नहीं है
जिसकी चाभियां वह खुद से भी छिपाकर रखता था
वह एक सपाट और रोशन जगह है विशाल कांच की दीवार के पार
एअरकंडीशनर भी बहुत तेज़ है
जहां लोग हांफते पसीना पोंछते आते हैं
और तुरंत कुछ राहत महसूस करते हैं

नये बैंक में एक ठंडी पारदर्शिता है
नया बैंक अपने को हमेशा चमका कर रखता है
उसका फ़र्श लगातार साफ़ किया जाता है
वह अपने आसपास ठेलों पर सस्ती चीज़ें बेचने वालों को भगा देता है
और वहां कारों के लिए क़र्ज़ देने वाली गुमटियां खोल देता है
बैंक के भीतर मेज़ें-कुर्सियां और लोग इस तरह टिके हैं
जैसे वे अभी-अभी आये हों उनकी कोई जड़ें न हों सब कुछ अस्थायी हो
नया बैंक पुराने बैंक से कोई भाईचारा महसूस नहीं करता
वह उसे कहीं दूर ढकेल देना चाहता है

नये बैंक में वे ख़ज़ांची नहीं हैं जो महान गणितज्ञों की तरह बैठे होते थे
किसी अंधेरे से रहस्यमय पूंजी को निकालते थे
और एक प्रमेय की तरह हल कर देते थे
वे प्रबंधक नहीं हैं
जो बूढ़े लोगों की पेंशन का हिसाब संभाल कर रखते थे

नया बैंक सिर्फ़ दिये जानेवाले क़र्ज़
और लिये जानेवाले ब्याज का हिसाब रखता है
प्रोसेसिंग शुल्क मासिक क़िस्त चक्रवृद्धि ब्याज
लेट पेमेंट चार्जेज और पैनल्टी वसूलता है
और एक जासूस की तरह देखता रहता है कि कौन अमीर हो रहा है
किसका पैसा कम कम हो रहा है कौन दिवालियेपन के कगार पर है
और किसका खाता बंद करने का समय आ गया है.

(2011)

हमारे शासक

हमारे शासक ग़रीबों के बारे में चुप रहते हैं
शोषण के बारे में कुछ नहीं बोलते
अन्याय को देखते ही वे मुंह फेर लेते हैं
हमारे शासक ख़ुश होते हैं जब कोई उनकी पीठ पर हाथ रखता है
वे नाराज़ हो जाते हैं जब कोई उनके पैरों में गिर पड़ता है
दुर्बल प्रजा उन्हें अच्छी नहीं लगती
हमारे शासक ग़रीबों के बारे में कहते हैं कि वे हमारी समस्या हैं
समस्या दूर करने के लिए हमारे शासक
अमीरों को गले लगाते रहते हैं
जो लखपति रातोरात करोड़पति जो करोड़पति रातोरात
अरबपति बन जाते हैं उनका वे और भी सम्मान करते हैं

हमारे शासक हर वक़्त देश की आय बढ़ाना चाहते हैं
और इसके लिए वे देश की भी परवाह नहीं करते हैं
जो लोग देश से बाहर जाकर विदेश में संपति बनाते हैं
उन्हें हमारे शासक और भी चाहते हैं
हमारे शासक सोचते हैं अगर पूरा देश ही इस योग्य हो जाये
कि संपत्ति बनाने के लिए विदेश चला जाये
तो देश की आय काफ़ी बढ़ जाये

हमारे शासक अकसर ताक़तवरों की अगवानी करने जाते हैं
वे अकसर आधुनिक भगवानों के चरणों में झुके रहते हैं
हमारे शासक आदिवासियों की ज़मीनों पर निगाह गड़ाये रहते हैं
उनकी मुर्ग़ियों पर उनकी कलाकृतियों पर उनकी औरतों पर
उनकी मिट्टी के नीचे दबी हुई बहुत-सी चमकदार चीज़ों पर

हमारे शासक अकसर जहाज़ों पर चढ़ते और उनसे उतरते हैं
हमारे शासक पगड़ी पहने रहते हैं
अकसर कोट कभी-कभी टाई कभी लुंगी
अकसर कुर्ता-पाजामा कभी बरमूडा टी-शर्ट अलग-अलग मौक़ों पर
हमारे शासक अकसर कहते हैं हमें अपने देश पर गर्व है.

(2011)

ग़ुलामी

इन दिनों कोई किसी को अपना दुख नहीं बताता
हर कोई कुछ छिपाता हुआ दिखता है
दुख की छोटी-सी कोठरी में कोई रहना नहीं चाहता
कोई अपने अकेलेपन में नहीं मिलना चाहता
लोग हर वक़्त घिरे हुए रहते हैं लोगों से
अपनी सफलताओं से अपनी ताक़त से पैसे से अपने सुरक्षाबलों से
कुछ पूछने पर तुरंत हंसते हैं
जिसे इन दिनों के आम चलन में प्रसन्नता माना जाता है
उदासी का पुराना कबाड़ कबका पिछवाड़े फेंक दिया गया है
उसका ज़माना ख़त्म हुआ
अब यह आसानी से याद नहीं आता कि आख़िरी शोकगीत कौन-सा था
आख़िरी उदास फ़िल्म कौन-सी थी जिसे देखकर हम लौटे थे

ज़्यादातर चीज़ें उलट-पुलट हो गयी हैं
इन दिनों दिमाग़ पर पहले क़ब्ज़ा कर लिया जाता है
ज़मीनों पर क़ब्ज़ा करने के लिए लोग बाद में उतरते हैं
इस तरह नयी ग़ुलामियां शुरू होती हैं
तरह-तरह की सस्ती और महंगी चमकदार रंग-बिरंगी
कई बार वे खाने-पीने की चीज़ों से ही शुरू हो जाती हैं
और हम सिर्फ़ एक स्वाद के बारे में बात करते रह जाते हैं
कोई चलते-चलते हाथ में एक आश्वासन थमा जाता है
जिस पर लिखा होता है 'मेड इन अमेरिका'

नये ग़ुलाम इतने मज़े में दिखते हैं
कि उन्हें किसी दुख के बारे में बताना कठिन लगता है

और वे संघर्ष जिनके बारे में सोचा गया था कि ख़त्म हो चुके हैं
फिर से वहीं चले आते हैं जहां से शुरू हुए थे
वह सब जिसे बेहतर हो चुका मान लिया गया था
पहले से ख़राब दिखता है
और यह भी तय है कि इस बार लड़ना ज़्यादा कठिन है
क्योंकि ज़्यादातर लोग अपने को जीता हुआ मानते हैं और हंसते हैं
हर बार कुछ छिपाते हुए लगते हैं
कोई हादसा जिसे बार-बार अनदेखा किया जाता है
उसकी एक बची हुई चीख़ जो हमेशा अनसुनी छोड़ दी जाती है.

(2011)

नुकीली चीज़ें

हिंदी कवि असद ज़ैदी और चेक कवि लुडविक कुंडेरा के प्रति आभार सहित

तमाम नुकीली चीज़ों को छिपा देना चाहिए
कांटों-कीलों को वहीं दफ़्न कर देना चाहिए जहां वे हैं
जो कुछ चुभता हो या चुभने वाला हो
उसे तत्काल निकाल देना चाहिए
जो चीज़ें अपनी जगहों से बाहर निकली हुई हैं
उन्हें समेट कर अपनी जगह कर देना चाहिए
फूलों को कांटों के बीच नहीं खिलना चाहिए
धारदार चीज़ें सिर्फ़ सब्ज़ी और फल काटने के लिए होनी चाहिए
उन्हें उस स्त्री के हाथ में होना चाहिए
जो एक छोटी-सी जगह में धुएं से घिरी कुछ बुनियादी कामों में उलझी है
या उस डॉक्टर के हाथ में होना चाहिए
जो ऑपरेशन की मेज़ पर तन्मयता से झुका हुआ है

तलवारों बंदूक़ों और पिस्तौलों पर पाबंदी लगा देनी चाहिए
खिलौना निर्माताओं से कह दिया जाना चाहिए
कि वे खिलौने को पिस्तौल में न बदलें
प्रतिशोध हिंसा हत्या और ऐसे ही समानार्थी शब्द
शब्दकोशों से हमेशा के लिए बाहर कर दिये जाने चाहिए
जैसा कि हिन्दी का एक कवि असद ज़ैदी कहता है
'पसलियों में छुरे घोंपनेवालों को उन्हें वापस खींचना चाहिए
और मरते हुए लोगों को वापस लाकर उन्हें उनकी बैठकों
और काम की जगहों में बिठाना चाहिए'

हत्यारों से कहा जाना चाहिए
कि एक भी मनुष्य का मरना पूरी मनुष्यता की मृत्यु है

दुनिया को इस तरह होना चाहिए
जैसे एक चेक कवि लुडविक कुंडेरा
पहली बार मां बनने जा रही स्त्री के पेट को देखकर कहता है
कि 'पृथ्वी आश्चर्यजनक ढंग से गोल है
और अपने तमाम कांटों को झाड़ चुकी है.'

(2012)

जापान : दो तस्वीरें

सुनामी की तस्वीरें देखने के बाद

1

भूकंप सुनामी और विकिरण से घिरी हुई
एक छोटी-सी बच्ची अथाह मलबे में रास्ता बताती चली जा रही है
वह सत्रह अक्षरों से बने हुए एक हाइकू जैसी दिखती है
उजड़े हुए घरों के बीच एक अकेला आदमी साइकिल पर जा रहा है
एक शरणार्थी शिविर की सर्दी में बहुत-से वृद्ध चाय मिलने की उम्मीद में हैं
एक औरत अपने घर के खंडहर से बिस्तर खींच रही है
एक गुड़िया कीचड़ के समुद्र में पड़ी हुई है

हाइकू जैसी छोटी-सी बच्ची
अपने पीछे तस्वीरें छोड़ती हुई चली जाती है
तस्वीरें जमा होती रहती हैं
उसकी ख़ुद की तस्वीर एक घर के खंडहर में फ़र्श पर चमक रही है
एक क्षत-विक्षत समय अपनी विकराल छायाएं फेंकता है
थर्राती हुई धरती की छाया प्रचंड पानी की छाया
ज़हरीली हवा की छाया

एक अवाक् हाइकू की तरह सत्रह नाजुक अक्षरों की बनी हुई वह
चलती जाती है उस तरफ़
जहां बिछुड़े हुए लोग एक दूसरे को फिर से मिलने की बधाई दे रहे हैं
और फिर आगे बहुत सारी मशीनें लगी हैं
जो हर आनेवाले के शरीर में विकिरण नापती है.

2

शरणार्थी कैंप के बच्चों की तस्वीरें धोई जा रही हैं
ताकि यह पहचाना जा सके कि वे कौन थे
उन्हें धोनेवाले सावधानी से तस्वीरों का कीचड़ मिटा रहे हैं
उनका 8.9 रिएक्टर पैमाने का भूकंप भगा रहे हैं
उनकी 20 मीटर ऊंची सुनामी लहरों को पोंछ रहे हैं
उनके 7 स्तर के विकिरण को मिटा रहे हैं
दीवार बेशुमार तस्वीरों से भर गयी है
उन बच्चों की जो खो चुके हैं
उनकी याद को धो-पोंछ कर दीवार पर टांगा जा रहा है
नाज़ुक हाइकू जैसे शिशु जो अब कहीं नहीं हैं

हाइकू जैसा एक बूढ़ा एक पुराने तालाब पर
देर तक प्रार्थना करता हुआ-सा झुका रहता है
उस गहराई में जहां अब पानी नहीं बचा है.

(2012)

टॉर्च

मेरे बचपन के दिनों में
एक बार मेरे पिता एक सुंदर-सी टॉर्च लाये
जिसके शीशे में खांचे बने हुए थे
जैसे आजकल कारों की हेडलाइट में होते हैं
हमारे इलाक़े में रोशनी की वह पहली मशीन
जिसकी शहतीर एक चमत्कार की तरह रात को दो हिस्सों में बांट देती थी

एक सुबह मेरी पड़ोस की एक दादी ने पिता से कहा
बेटा इस मशीन से चूल्हा जलाने के लिए थोड़ी-सी आग दे दो
पिता ने हंस कर कहा चाची इसमें आग नहीं होती सिर्फ़ उजाला होता है
इसे रात होने पर जलाते हैं
और इससे पहाड़ के ऊबड़-खाबड़ रास्ते साफ़ दिखाई देते हैं
दादी ने कहा उजाले में थोड़ा आग भी होती तो कितना अच्छा था
मुझे रात से ही सुबह का चूल्हा जलाने की फ़िक्र रहती है
पिता को कोई जवाब नहीं सूझा वे ख़ामोश रहे देर तक

इतने वर्ष बाद वह घटना टॉर्च की वह रोशनी
आग मांगती दादी और पिता की ख़ामोशी चली आती है
हमारे वक़्त की विडम्बना में कविता की तरह.

(2012)

पंचम

किराना घराने के सबसे अज़ीम गायक
अब्दुल करीम ख़ां से एक दिन उनके एक मुरीद ने पूछा
उस्ताद आपने तो सातों सुर साध लिये हैं अब कुछ बचा नहीं
खरज से निखाद तक तीनों पर्दों के आरपार जाती है आपकी मीठी आवाज

करीम ख़ां बोले कहां बेटा सिर्फ़ पंचम को मैं थोड़ा समझ पाया हूं
और अब इस उम्र में क्या कर पाऊंगा
मुरीद भी उदास हो गए
उन्हें उम्मीद थी उस्ताद कुछ और रोशनी डालेंगे
अपनी आवाज़ पर अपने बेजोड़ रियाज़ पर

बहुत पहले किसी किताब में पढ़ा था यह वाक़या
उसे याद करते हुए सहसा हाथ रुक जाता है
जब भी लिखने बैठता हूं कोई कविता.

(2012)

यह नंबर मौजूद नहीं

दिस नंबर डज़ नॉट एग्ज़िस्ट
जहां भी जाता हूं जो भी फ़ोन मिलाता हूं
अकसर एक बेगानी-सी आवाज़ सुनाई देती है
दिस नंबर डज़ नॉट एग्ज़िस्ट यह नंबर मौजूद नहीं है
कुछ समय पहले इस पर मिला करते थे बहुत-से लोग
कहते आ जाओ हम तुम्हें पहचानते हैं
इस अंतरिक्ष में तुम्हारे लिए भी बना दी गयी है एक जगह

लेकिन अब वह नंबर मौजूद नहीं है वह कोई पहले का नंबर था
उन पुराने पतों पर बहुत कम लोग बचे हुए हैं
जहां आहट पाते ही दरवाज़े खुल जाते थे
अब घंटी बजाकर कुछ देर सहमे हुए बाहर खड़े रहना पड़ता है
और आख़िरकार जब कोई प्रकट होता है
तो मुमकिन है उसका हुलिया बदला हुआ हो
या वह कह दे मैं वह नहीं हूं जिससे तुम बात करते थे
यह वह नंबर नहीं है जिस पर तुम सुनाते थे अपनी तकलीफ़

जहां भी जाता हूं देखता हूं बदल गये हैं नंबर नक़्शे चेहरे
नाबदानों में पड़ी हुई मिलती हैं पुरानी डायरियां
उनके नाम धीरे-धीरे पानी में घुलते हुए
अब दूसरे ही नंबर मौजूद हैं पहले से कहीं ज्यादा तार-बेतार
उन पर कुछ दूसरी तरह के वार्तालाप
महज़ व्यापार महज़ लेनदेन ख़रीद-फरोख़्त की आवाज़ें
लगातार अजनबी होती हुईं

जहां भी जाता हूं हताशा में कोई नंबर मिलाता हूं
उस आवाज़ के बारे में पूछता हूं जो कहती थी
दरवाज़े खुले हुए हैं तुम यहां रह सकते हो
चले आओ थोड़ी देर के लिए यों ही कभी भी इस अंतरिक्ष में.

(2007)

ताक़त की दुनिया

ताक़त की दुनिया में जाकर मैं क्या करूंगा
मैं सैकड़ों हज़ारों जूते चप्पल लेकर क्या करूंगा
मेरे लिए एक जोड़ी जूते ही ठीक से रखना कठिन है
हज़ारों लाखों कपड़ों मोज़ों दस्तानों का मैं क्या करूंगा
मैं इतने सारे कमरों का क्या करूंगा
यह दुनिया घर है कोई होटल नहीं
और मेरी नींद का आकार हद से हद एक चिड़िया के बराबर है
मैं सिक्कों पर अपना नाम और चेहरा क्यों खुदवाऊंगा
मैं जानता हूं बाज़ार से बाहर उनका कोई मोल नहीं है
मैं क्यों बनवाऊंगा कोई मंदिर मस्जिद गिरजा या ऐसा ही कुछ
मुझे पता है वहां कोई ईश्वर नहीं रहता
मैं क्यों जमा करूंगा इतने टोप तमग़े छाते इतने घोड़े कुत्ते
हीरे मोती इतना हरबा हथियार ऐसे-ऐसे जहाज़
मैं क्यों रहने जाऊंगा चांद पर
वह मुझे धरती से ही दिखाई देता है बहुत सुंदर
तीन डग में ही मैं क्यों नाप लूंगा तीन लोक
सब कुछ छीनकर किसी को क्यों भेजूंगा पाताल
मैं क्यों क़ब्ज़ा करूंगा इस धरती पर
किसी को ज़रूरत हुई तो दे दूंगा उसे जो भी होंगे मेरे खेत खलिहान
मैं कोई दरिंदा नहीं जो किसी धरती पर बम गिराने चला जाऊंगा
मैं मनुष्य हूं
तेल पीते और ख़ून चूसते हुए मैं क्यों बिता दूंगा अपना जीवन.

(2006)

सोने से पहले

सोने से पहले मैं सुबह के अख़बार समेटता हूं
दिन भर की सुर्ख़ियां परे खिसका देता हूं
मैं अत्याचारी तारीख़ों और हत्यारे दिनों को याद नहीं रखना चाहता
मैं नहीं जानना चाहता कितना रक्त बहाकर बनाये जा रहे हैं राष्ट्र
मैं वे तमाम तस्वीरें औंधी कर देता हूं
जिनमें एक पुल ढह रहा है कुछ सिसकियां उठ रही हैं
एक चेहरा जान बख़्श देने की भीख मांग रहा है
एक आदमी कुर्सी पर बैठा अट्टहास कर रहा है

क्या रात भर मुझे एक तानाशाह घूरता रहेगा
रात भर चलते हुए मुझे दिखेंगे घरों से बेदख़ल
एक अज्ञात उजाड़ की ओर जाते परिवार
क्या रात भर मेरा दम घोटता रहेगा धरती का बढ़ता हुआ तापमान
दिमाग़ में दस्तक देता रहेगा बाज़ार
सोने से पहले मैं किताबें बंद कर देता हूं
जिनमें पेड़ पहाड़ मकान मनुष्य सब काले-सफ़ेद अवसाद में डूबे हैं
और प्रेम एक उजड़े हुए घोंसले की तरह दिखाई देता है

सोने से पहले मैं तमाम भयानक दृश्यों को बाहर खदेड़ता हूं
और खिड़कियां बंद कर देता हूं
सिगरेट बुझाता हूं चप्पलें पलंग के नीचे खिसका देता हूं
सोने से पहले मैं एक गिलास पानी पीता हूं
और कहता हूं पानी तुम बचे रहना
एक गहरी सांस लेता हूं

और कहता हूं हवा तुम यहां रहो
मेरे फेफड़ों और दीवारों के बीच
सोने से पहले मैं कहता हूं
नींद मुझे दो एक ठीक-ठाक स्वप्न.

(2006)

छुओ

उन चीज़ों को छुओ जो तुम्हारे सामने मेज़ पर रखी हैं
घड़ी क़लमदान एक पुरानी चिट्ठी
बुद्ध की प्रतिमा बेर्टोल्ट ब्रेश्ट और चे गेवारा की तस्वीरें
दराज़ खोलकर उसकी पुरानी उदासी को छुओ
शब्दों की अंगुलियों से एक ख़ाली काग़ज़ को छुओ
वॅन गॉग की पेंटिंग के स्थिर जल को एक कंकड़ की तरह छुओ
जो उसमें जीवन की हलचल शुरू कर देता है[1]
अपने माथे को छुओ
और देर तक उसे थामे रहने में शर्म महसूस मत करो
छूने के लिए ज़रूरी नहीं कोई बिलकुल पास में बैठा हो
बहुत दूर भी से छूना संभव है
उस चिड़िया की तरह दूर से ही जो अपने अंडों को सेती रहती है

कृपया छुएं नहीं या छूना मना है जैसे वाक्यों पर विश्वास़ मत करो
यह लंबे समय से चला आ रहा एक षड्यंत्र है
तमाम धर्मगुरु ध्वजा-पताका-मुकुट-उत्तरीयधारी
बमबाज़ जंगख़ोर सबको एक दूसरे से दूर रखने के पक्ष में हैं
वे जितनी गंदगी जितना मलबा उगलते हैं
उसे छूकर ही साफ़ किया जा सकता है
इसलिए भी छुओ भले ही इससे चीज़ें उलट-पुलट हो जायें
इस तरह मत छुओ जैसे भगवान महंत मठाधीश भक्त चेले
एक दूसरे के सिर और पैर छूते हैं

---

1. जापानी फ़िल्मकार अकीरा कुरोसावा की फ़िल्म 'ड्रीम्स' का एक अंश

बल्कि ऐसे छुओ जैसे
लंबी घासें चांद-तारों को छूने-छूने को होती हैं[1]
अपने भीतर जाओ और एक नमी को छुओ
देखो वह बची हुई है या नहीं इस निर्मम समय में.

(2006)

---

1. शमशेर बहादुर सिंह की एक कविता पंक्ति

भूमंडलीकरण

अचानक किसी चीज़ से टकराकर लड़खड़ाता हूं
तो जैसे अपने ही भीतर से आवाज़ आती है हा हा हा
कुछ कहते हुए थोड़ी देर में हकलाने लगता हूं
तो कोई कहता है तुम फिर पकड़ लिये गये
अपनी अयोग्यता को छिपाते आ रहे थे अभी तक
कोई है जो मेरी तलाशी ले रहा है
मेरे लिखे हुए शब्दों को उलटी तरफ़ से पढ़ रहा है
मेरी भाषा में उगे हुए पेड़ों पहाड़ों को समतल कर रहा है
उसकी नदियों का पानी सुखा रहा है

इन दिनों लोगों को परवाह नहीं उनके साथ क्या हो रहा है
कोई अन्याय को महसूस नहीं करता
लोग अत्याचार को धूल की तरह झाड़ देते हैं
सहसा चिल्ला उठते हैं नहीं नहीं
कहीं से तुरंत कोई ख़ुशी खोजकर ले आते हैं
उसे जमा कर लेते हैं अपने पास जैसे वह सिर्फ़ उनके लिए बनी हो
बहुत सारे कपड़े और जूते पहन लेते हैं बहुत सारा खाना खा लेते हैं
एक महंगा मोबाइल निकालते हैं अपने अश्लील संदेशों के साथ
दंगों में मारे गये लोगों के घरों से उठाकर ले आते हैं
एक टेलीविज़न ताकि जारी रह सके मनोरंजन

बड़ी तेज़ी से दुनिया बनती जा रही है एक बड़ा गांव
लोभ क्रोध ईर्ष्या द्वेष के लिए अब कहीं नहीं जाना पड़ता
हर चीज़ समान रूप से मिलने लगी है हर जगह
मनुष्यों के संबंध बहुत पतले तारों से बांध दिये गये हैं

जो बात-बात में टूट जाते हैं
उन्हें जोड़ने के लिए फिर से जाना होता है बाज़ार
जहां तमाम स्वादिष्ट चीज़ें एक बेस्वाद जीवन को घेरे हुए हैं
और इतनी आपाधापी है कि दायें हाथ को बायां हाथ नहीं सूझता
हालांकि दोनों हाथ लगातार तालियां बजाते हैं

कोई है जो हमारे कपड़ों में छेदों को खोज रहा है
ताकि उनमें अपने हाथ कुहनियां और पैर डाले जा सकें
कोई है जो हमारे भीतर ख़ाली जगह देख रहा है
ताकि वहां ठूंसा जा सके बचा-खुचा खाना
कोई है जो हमारे जबड़ों को जांच रहा है
ताकि वहां लालच के कुछ कौर रखे जा सकें
कोई हमसे तपाक से हाथ मिला रहा है
हमारी गर्दनों को फूलमालाओं से लाद रहा है
कोई हमें लगातार युद्ध के मैदान की तरफ़ ले जा रहा है
और कह रहा है धीरे-धीरे जब तुम बहुत कम मनुष्य रह जाओगे
तो इस खेल के अंत में तुम्हें मिलेगा एक बड़ा-सा पुरस्कार.

(2008)

आधुनिक सभ्यता

हर चीज़ इन दिनों बहुत सुंदर बहुत आकर्षक दिखती है
रंगीन चमकीली पन्नियों में लिपटी हुई
बहुत लज़ीज़ जैसे तुरंत खाये जाने के लिए बनी हो
अपने अजर-अमर क़िस्म के डिब्बों में बंद
जो उस चीज़ से अलग होने के बाद किसी अवसाद में
कई दिनों तक पड़े रहते हैं
पैकेजिंग का युग है यह हर चीज़ ऐसे दिखती है
जैसे वह चीज़ खुद भी सिर्फ़ एक पैकेज हो
और उसके भीतर कोई और चीज़ रखी हुई हो
आधुनिक सभ्यता की एक सरप्राइज़ गिफ़्ट

बहुत दिन बाद पता चलती है उसकी सड़न
बहुत भीतर जाने पर मुंह खोले हुए दिखता है
एक सूखा हुआ पपड़ी जैसा या विगलित सत्त्व
तब तक वह चीज़ खत्म हो चुकी होती है
खायी-पचायी इस्तेमाल में लायी जा चुकी होती है
उसकी पैकेजिंग कूड़ेदान में जा चुकी होती है
उसकी निर्माता कंपनी किसी और चीज़ के उत्पादन में लगी होती है
अंततः यह याद नहीं रहता कि वह चीज़ हमने
कब ख़रीदी खायी या इस्तेमाल की थी
या वह कभी हमारे पास थी या नहीं थी.

(2008)

कुशल प्रबंधन

एक कुशल प्रबंधन के तहत हमारी इमारतें लगातार ऊंची हो रही हैं
उनके अहाते पूरी दुनिया में फैले हुए हैं
हालांकि उनका मुख्य द्वार एक ही है
एक कुशल प्रबंधन के तहत
होटलों दूकानों अस्पतालों में तब्दील हो रहा है संसार
एक-सी ख़ूबी के साथ प्रबंधित किये जा रहे हैं
मल्टीप्लैक्स और मेगामॉल गुआंतेनामो और अबू ग़रेब के यातना कक्ष
एक ही सिनर्जी के तहत प्रबंधनीय हो चली है अमीरी और ग़रीबी
स्वर्गिक सुखों वाली रिहाइशें और उजड़ती हुई बस्तियां

युद्ध भी कुशल प्रबंधन का एक प्रिय विषय है
जब सोच-समझकर शहरों पर बम गिराये जाते हैं
तो अनजाने ही वे हजारों लोगों को मार लाते हैं
कई बार हमारे खाद्य पदार्थ ही प्रक्षेपास्त्र बन जाते हैं
जिनकी मार बाहर से नज़र नहीं आती
शिकारी और शिकार कितनी ही दूर और छिपकर बैठे हों
एक परफ़ेक्ट मैनेजमेंट के हाथ
उन्हें खींचकर एक दूसरे के पास ले जाते हैं

अन्याय का पता न चलने देना अन्याय का कुशल प्रबंधन है
लूट का न दिखना लूट की कला है
दुनिया में कुछ भी अच्छा या बुरा नहीं है
बल्कि सब कुछ अत्यंत प्रबंधनीय है
बशर्ते जो ठीक है ठीक से प्रबंधनीय हो
बशर्ते एक व्यवस्था के बिगड़ते ही

हम तुरंत दूसरी व्यवस्था का प्रबंधन कर सकें
एक पृथ्वी के बुझने पर तुरंत हाज़िर हो सके दूसरी पृथ्वी
और यह पृथ्वी भी जो बाहर से एक दिखती है
गोल और सुंदर घूमती हुई
दरअसल भीतर से कई गोलार्धों में बंटी हुई है
और हमारे कुशल प्रबंधन के तहत और भी ज़्यादा बंटती जा रही है.

(2008)

न्यू ऑर्लीन्स में जैज़

शराब की जो बोतलें अमेरिका में भरी हुई दिखी थीं
वे यहां ख़ाली और टूटी हुई हैं
सड़कों के किनारे बिखरे हुए नुकीले कांच और पत्थर
जैज़ जैज़ जैज़ एक लंबी कठिन अछोर गली
दोनों तरफ़ गिलासों के जमघट उनमें शराब कांपती है
लोग उसमें अपनी तकलीफ़ को रोटी की तरह डुबोकर खाते हैं
गोरा होटल का मैनेजर कहता है उधर मत जाइए
वहां बहुत ज्यादा अपराध हैं
यहां के टूरिस्ट निर्देशों को ग़ौर से पढ़िए
अमेरिका के पांच सबसे हिंसक शहरों में है न्यू ऑर्लीन्स

चंद्रमा अपने सारे काले बेटे यहां भेज देता है
रात अपनी तमाम काली बेटियां यहां भेज देती है
यहां तारे टूट कर गिरते हैं और मनुष्य बन जाते हैं
जैज़ जैज़ जैज़ नशे की एक नदी है मिसीसिपी
फ़्रेंच क्वार्टर में तीन सौ साल पहले आए थे ग़ुलाम
अफ़्रीक़ा से भैंसों की फ़ौज[1] की तरह लाये हुए
जैसे ही कोड़ों की मार कुछ कम होती
वे फिर से करने लगते गाने और नाचने का अपना प्रिय काम
उन्हें हुक्म दिया जाता मेज़ पर नहीं रसोईघरों में खाओ[2]
वे हंसते हुए जाते खाते और नाचते
एक चतुर क्रूर सभ्यता के लिए उन पर शासन करना कितना कठिन

1. अश्वेत ब्लू गीत 'बफ़ैलो सोल्जर कॉट इन अफ़्रीक़ा'
2. प्रसिद्ध अमेरिकी अश्वेत कवि लैंग्स्टन ह्यूज़ की एक कविता पंक्ति

उनके लिए बने सारे नियम और वे तोड़ते रहे सारे नियम
आते और जाते हैं कितने ही अत्याचारी
फ़्रांसीसी स्पानी अमेरिकी इंसानों के ख़रीदार
समुद्र से उठते हुए कितने ही तूफ़ान
हरिकेन बेट्सी रीटा कैटरीना
तब भी प्रेम की तलाश ख़त्म नहीं होती इस दुनिया में
जहां हर चीज़ पर डॉलर में लिखी हुई है उसकी क़ीमत

जब क्लैरिनेट के रंध्रों से अंधेरा बह रहा था
ट्रंपेट के गले से रुंधी हुई कोई याद बाहर आ रही थी
जब सैक्सोफ़ोन के स्वर नदी के ऊपर घुमड़ रहे थे
एक ट्रोंबोन इस शहर के दिल की तरह चमक रहा था
मुझे दिखा एक मनुष्य काला वह ब्रेड खा रहा था
वह हंस रहा था बढ़ रहा था मेरी तरफ़ हाथ मिलाने के लिए
उसके मुंह में हंसी तारों जैसी चमकती थी
उसे बुलाती हुई दूर से आई एक स्ट्रीटकार
उसका नाम था डिज़ायर[3]
दूर एक होटल में टूरिस्टों का इंतज़ार कर रहा था
डरा हुआ गोरा मैनेजर.

(2005)

---

3. टेनेसी विलियम्स का प्रसिद्ध नाटक *अ स्ट्रीटकार नेम्ड डिज़ायर*। यह ट्राम अब भी न्यू ऑर्लींस में चलती है।

पुरानी तस्वीरें

पुरानी तस्वीरों में ऐसा क्या है
जो जब दिख जाती हैं तो मैं ग़ौर से देखने लगता हूं
क्या वह सिर्फ़ एक चमकीली युवावस्था है
सिर पर घने बाल नाक-नक़्श कुछ कोमल
जिन पर माता-पिता से पैदा होने का आभास बचा हुआ है
आंखें जैसे दूर तक देखने की उत्सुकता से भरी हुईं
बिना प्रेस किये हुए कपड़े उस दौर के
जब ज़िंदगी ऐसी ही सलवटों में लिपटी हुई थी

इस तस्वीर में मैं हूं अपने वास्तविक रूप में
एक स्वप्न सरीखा चेहरे पर अपना हृदय लिये हुए
अपने ही जैसे बेफ़िक्र दोस्तों के साथ
एक हल्के बादल की मानिंद जो कहीं से तैरता हुआ आया है
और क्षण भर के लिए एक कोने में टिक गया है
कहीं कोई कठोरता नहीं कोई चतुराई नहीं
आंखों में कोई लालच नहीं
यह तस्वीर सुबह एक ढाबे में चाय पीते समय की है
उसके आसपास की दुनिया भी सरल और मासूम है
चाय के कप ढाबे और सुबह की तरह
ऐसी कितनी ही तस्वीरें हैं जिन्हें कभी-कभी
घर आये मेहमानों को दिखलाता हूं

और अब यह क्या है कि मैं अकसर तस्वीरें खिंचवाने से कतराता हूं
खींचने वाले से कहता हूं रहने दो
मेरा फ़ोटो अच्छा नहीं आता मैं सतर्क हो जाता हूं

जैसे एक आईना सामने रख दिया गया हो
सोचता हूं क्या यह कोई डर है कि मैं पहले जैसा नहीं दिखूंगा
शायद मेरे चेहरे पर झलक उठेंगी इस दुनिया की कठोरताएं
और चतुराइयां और लालच
इन दिनों हर तरफ़ इन्हीं चीज़ों की तस्वीरें ज्यादा दिखाई देती हैं
और जिनसे लड़ने की कोशिश में
मैं कभी-कभी इन पुरानी तस्वीरों को ही
हथियार की तरह उठाने की सोचता हूं.

(2007)

दो जीवन

दिन भर एक जीवन में दौड़ता भागता थका हुआ
मैं एक दूसरे जीवन में शरण लेता हूं
बाज़ारों की चकाचौंध में भटकता अचानक चल देता हूं
उनके पिछवाड़े के अंधेरे में
दिन भर के नुकीले पत्थरों और ऊबड़-खाबड़ रास्तों से परेशान
रात के पानी में तैरता हुआ चला जाता हूं
टहलने लगता हूं तारों के रास्तों पर

मेरा एक हाथ अकसर किसी पहाड़ को ठेलता दिखता है
दूसरे हाथ से मैं आसमान का एक हिस्सा पकड़े रहता हूं
कभी-कभी लगता है मेरी एक आंख में गहरी नींद भरी है
और दूसरी आंख में अंतहीन इंतज़ार है
और मेरा हृदय अकसर विकल रहता है
क्योंकि वह बहुत अकेला और बहुत कम है
मेरे ही जैसे हज़ारों-लाखों लोगों के लिए

इसीलिए जब एक सपने में मेरा सामान खो जाता है
तो लगता है जैसे बहुत से लोगों का सामान खो गया है
जैसे मैं बहुत से लोगों की चीज़ों के साथ
बहुत सी जगहों में जाने के लिए निकला था
और वह ट्रेन जिससे मुझे जाना था
जब मेरे ठीक सामने से जा रही होती है
तो देखता हूं मेरे आसपास कई चेहरे मौजूद हैं मेरी ही तरह लाचार

मेरा एक जीवन होता तो मैं तुरंत पहुंच जाता
कहीं का कहीं निकल जाता सफलता के साथ
फिर नाक की सीध में लौट आता
अपना सामान नहीं खोता अपनी ट्रेन पकड़ चुका होता
लेकिन मैं दो जीवन में एक साथ हूं
हर चीज़ के दोनों रुख देख लेता हूं
एक जीवन को दिन-भर पहनता-ओढ़ता हुआ जागता रहता हूं
दूसरे को रात में चादर की तरह ओढ़कर सो जाता हूं
और इसमें कोई आश्चर्य नहीं कि
कई बार सुबह उठने पर मुझे अपने इर्दगिर्द
आंसुओं की तरह कुछ चमकता हुआ दिखाई देता है.

(2008)

गुजरात के मृतक का बयान

पहले भी शायद मैं थोड़ा-थोड़ा मरता था
बचपन से ही धीरे-धीरे जीता और मरता था
जीवित रहने की अंतहीन खोज ही था जीवन
जब मुझे जलाकर पूरा मार दिया गया
तब तक मुझे आग के ऐसे इस्तेमाल के बारे में पता नहीं था
मैं रंगता था कपड़े तानेबाने रेशे
टूटी-फूटी चीज़ों की मरम्मत करता था
गढ़ता था लकड़ी के हिंडोले और गरबा के रंगीन डांडिये
अल्युमिनियम के तारों से बच्चों के लिए छोटी-छोटी साइकिलें बनाता
इसके बदले में मुझे मिल जाती थी एक जोड़ी चप्पल एक तहमद
अपनी ग़रीबी में दिन भर उसे पहनता रात को ओढ़ लेता
आधा अपनी औरत को देता हुआ

मेरी औरत मुझसे पहले ही जला दी गयी
वह मुझे बचाने के लिए मेरे आगे खड़ी हो गई थी
और मेरे बच्चों को मारा जाना तो पता ही नहीं चला
वे इतने छोटे थे उनकी कोई चीख़ भी सुनाई नहीं दी
मेरे हाथों में जो हुनर था पता नहीं उसका क्या हुआ
मेरे हाथों का ही पता नहीं क्या हुआ
वे अब सिर्फ़ जले हुए ढांचे हैं एक जली हुई देह पर चिपके हुए
उनमें जो हरकत थी वही थी उनकी कला
और मुझे इस तरह मारा गया
जैसे एक साथ बहुत से दूसरे लोग मारे जा रहे हों
मेरे जीवित होने का कोई बड़ा मक़सद नहीं था

लेकिन मुझे इस तरह मारा गया
जैसे मुझे मारना कोई बड़ा मक़सद हो

और जब मुझसे पूछा गया तुम कौन हो
क्या छिपाये हो अपने भीतर एक दुश्मन का नाम
कोई मज़हब कोई तावीज़
मैं कुछ कह नहीं पाया मेरे भीतर कुछ नहीं था
सिर्फ़ एक रंगरेज़ एक मिस्त्री एक कारीगर एक कलाकार
जब मैं अपने भीतर मरम्मत कर रहा था किसी टूटी हुई चीज़ की
जब मेरे भीतर दौड़ रहे थे
अल्युमिनियम के तारों की साइकिल के नन्हे पहिये
तभी मुझ पर गिरी एक आग बरसे पत्थर
और जब मैंने आख़िरी इबादत में अपने हाथ फैलाये
तब तक मुझे पता नहीं था बंदगी का कोई जवाब नहीं आता

अब जब कि मैं मारा जा चुका हूं मिल चुका हूं
मृतकों की उस मनुष्यता में
जो जीवित मनुष्यों से भी ज़्यादा सच्ची ज़्यादा स्पंदित है
तुम्हारी जीवित बर्बर दुनिया में न लौटने के लिए
मुझे और मत मारो और मत जलाओ न कहने के लिए
अब जबकि मैं महज़ एक मनुष्याकार हूं एक मिटा हुआ चेहरा
एक मरा हुआ नाम
तुम जो कुछ हैरत और कुछ ख़ौफ़ से मेरी ओर देखते हो
क्या पहचानने की कोशिश करते हो
क्या तुम मुझमें अपने किसी स्वजन को खोजते हो
किसी मित्र-परिचित को या ख़ुद अपने को
अपने चेहरे में लौटते देखते हो किसी चेहरे को.

(2002)

अंजार

सन् 2001 के भूकंप में तबाह अंजार और सन् 2002 की गुजरात हिंसा की स्मृति

अंजार में पिछले साल सर पर थे चार सौ बच्चों के इम्तहान
पिछले साल प्रभातफेरी में वे गाते थे सारे जहां से अच्छा हिंदोस्तान
पिछले साल तैयार किये जा रहे थे प्रश्नपत्र
भरने के लिए छोड़े जा रहे थे बहुत से रिक्त स्थान
पिछले साल अंजार उड़ती हुई गुस्सैल पृथ्वी था
चार सौ सुरीले स्वरों पर गिरा हुआ आसमान
एक मलबे की तरह उठकर आया हुआ भूगर्भ का अंधकार
अंजार मलबे में दबी हुई मासूम चीत्कारों का मज़ार

एक बार फिर से आये इम्तहान
बच्चों को उठाया गया नींद से फिर से किया गया तैयार
गिनती हुई चार सौ पिछले बरस के चार सौ
इस बार कई-कई जगह फैला था अंजार
इस बार उड़ती हुई धरती नहीं लपकती-लीलती हुई आग थी
रक्त और मृत्यु ही थे मुख्य प्रश्नपत्र
अंजार से निकल कर दूर-दूर तक फैले हुए अंजार के रिक्त स्थान

स्कूल की घंटियां सुनाई देती हैं अंजार में
बच्चे बैठते हैं आग और क्रूरता के इम्तहान में
पिछले बरस की टूटी हुई दीवार से गिरता है रक्त
आंसुओं से भरी आंखों के सामने डांवांडोल प्रश्नपत्र
सवाल तमाम आपस में गडमड
अंजार भूगर्भ में दबी हुई एक चीत्कार
जगह-जगह अंजार हमारे भविष्य का मज़ार.

(2002)

भूलने के विरुद्ध

सन्दर्भ गुजरात

पहला नहीं हमेशा दूसरा
हमेशा दूसरा जीवन दूसरा प्रकाश दूसरा अंधकार
क्योंकि मैं दूसरा हूं पहला नहीं दूसरा
पहला हमेशा अनुपस्थित है हमेशा भुलाया हुआ
पहला हमेशा खोया हुआ हमेशा लापता जगहें बदलता

मैं दूसरा हूं हर वक़्त पहले की स्मृति में पहले की जगह पर
पहला हमेशा ढहाया हुआ है नष्ट किया हुआ
मैं उसके मलबे की तरह बचा हुआ दूसरा हूं उसके अंत का गवाह
पहला जला हुआ है मरा हुआ हमेशा एक मृतक
मैं पहले की राख में से उठता हुआ दूसरा हूं
पहले के एवज़ में हाज़िरी लगाता हुआ
मैं हूं मैं हूं कहता हुआ

मैं दूसरा हूं पहले का एक धुंधला आकार पहले का एक आभास
मैं पहले की चीख़ हूं पहले का शोक पहले का प्रेम
पहले को याद करता हुआ एक अंतहीन दूसरा.

(2002)

पशु पक्षी कीट पतंग

फिर से गुजरात की शर्म के नाम

उन दिनों जब लगातार मनुष्यों के मारे जाने की ख़बर थी
कोई ख़ता नहीं की हमने तब भी बख़्श दो बख़्श दो[1]
ऐसा ही कुछ कहते लोग दिखते थे
मार दो मार दो कहते हुए लोगों के सामने
और मैं अकेला था रात में
सहसा दिखे मुझे भूले-बिसरे पशु पक्षी कीट और पतंग
दिखाई दीं बचपन के घर की पुरानी तीन बिल्लियां
जो सिर्फ़ खाने के वक़्त साथ-साथ दिखती थीं
एकटक मेरी दादी का हाथ देखती हुईं
उसकी मृत्यु के बाद एक-एक कर पता नहीं कहां हुईं वे लोप

दिखा एक मेढक सड़क पार करता हुआ
वह धीरे-धीरे छलांगें भरता था
ट्रैफ़िक के शोर और रफ़्तार से बचने की कोशिश करता
कुछ सरीसृप ज़मीन के नीचे सरकते दिखे
बस स्टॉप पर इंतज़ार करते लोगों के सर पर
मंडराते थे मच्छरों के झुंड
घर के बारजे पर बैठा था एक जोड़ा कबूतर
उड़ाने पर भी नहीं उड़ता था जैसे वही हो उसका घर
और एक भारी-सी छलांग थी हवा में
जैसे आग लगने पर जंगल से कूदता हो कोई भालू बाघ हिरन

---

1. मिर्ज़ा ग़ालिब की एक पंक्ति : 'बख़्श दो गर ख़ता करे कोई'

बेशुमार झींगुरों की आवाज़ थी पूरी रात
जैसे वे रहने आ गये हों मेरे कानों के भीतर
छोटे-छोटे कीड़े जो पता नहीं कहां से चले आये थे
और कहां जा रहे थे हरा नीला लाल उनका रंग दमकता हुआ
और उनके साथ गतिशील छोटे-छोटे पेड़-वनस्पति
उन पर निश्चिंत सोई हुईं चिड़ियां
उनके सामने मैं लाचार था
मनुष्य होने की शर्म में डूबा हुआ
मनुष्य होने से बचने की कोशिश करता हुआ
मैं होना चाहता था पशु पक्षी कीट पतंग या ऐसा ही कुछ.

(2004)

राक्षसो क्या तुम

राक्षसो क्या तुम अब भी वैसे ही हो
किसी दंतकथा किसी श्लोक से बाहर आये हुए
रात में तुम अपने सींग और दांत कहां रख देते हो
या सो जाते हो खुले हुए जबड़ों ख़ूनी आंखों
और नाख़ुनों के साथ
जैसे बचपन की एक किताब में
देखा था तुम्हें नींद में भी जगे हुए

राक्षसो क्या तुमने नया रूप धर लिया है
सर के भीतर छिपा लिये हैं अपने सींग उंगलियों के भीतर नाख़ुन
तुम्हारे पेट में चले गये तुम्हारे नुकीले दांत
क्या तुमने घर ख़रीद लिये हैं कारें जुटा ली हैं
हासिल कर ली है उजली मुस्कराहट पहन लिये हैं नरम हाथ
और क्या तुम्हारी आंखों में अब एक नमी भी रहती है

राक्षसो क्या दूसरों की तरह तुम्हें भी चुभते हैं
तुम्हारे सींग नाख़ुन दांत
क्या तुम्हें सचमुच नींद आती है
क्या दिन भर के तुम्हारे करतब सारी रात तुम्हारा पीछा करते हैं
दिन भर के हत्यारे तुम्हारे शब्द क्या तुम्हारे कान में चिल्लाते हैं
और तुम्हारा विष फिर से घुलने लगता है तुम्हारे रक्त में
या फिर यह समय ही पूरा तुम्हारा है
जहां तुम ही सोते हो सबसे गहरी नींद.

(2004)

इन सर्दियों में

पिछली सर्दियां बहुत कठिन थीं
उन्हें याद करने पर मैं इन सर्दियों में भी सिहरता हूं
हालांकि इस बार दिन उतने कठोर नहीं

पिछली सर्दियों में मेरी मां चली गयी थी
मुझसे एक प्रेमपत्र खो गया था एक नौकरी छूट गयी थी
रातों को पता नहीं कहां कहां भटकता रहा
कहां कहां करता रहा टेलीफ़ोन
पिछली सर्दियों में
मेरी ही चीज़ें गिरती थीं मुझ पर

इन सर्दियों में पिछली सर्दियों के कपड़े निकालता हूं
कंबल टोपी मोज़े मफ़लर
उन्हें ग़ौर से देखता हूं
सोचता हुआ पिछला समय बीत गया है
ये सर्दियां क्यों होंगी मेरे लिए पहले जैसी कठोर.

(2007)

सपने में रुपये

एक रात भूल से मैंने कुछ रुपये तकिये के नीचे रख दिये
और सो गया
सपने में उठकर वे चारों ओर उड़ने लगे
नींद के आसमान में उनका अनोखा नृत्य चलता रहा
एक बड़ा सा हॉल दिखा
जहां किसी बाज़ार का जन्मदिन मनाया जा रहा था
चमकते हुए सिक्के जलता-बुझता प्रकाश बेतहाशा खानपान
पुरुष डॉलर पाउंड येन यूरो के कोट पहने हुए थे
स्त्रियां जैसे सिर्फ़ त्वचा पहने हुए हों

मैंने चुपके से एक सिक्का उठाया और यह सोचकर निगल लिया
कि वह कोई स्वादिष्ट चीज़ है
तभी से वह मेरे हलक़ में फंसा है
मैं जागता हूं सपने से कराहता हुआ.

(2007)

यह सब

अंत तक लोग यही कहते रहे रुक जाओ
यहां इतनी सारी ख़ाली जगह है चारों ओर बहुत-सी तस्वीरें हैं
दिन की धूप में धीरे-धीरे हिलते हुए पौधे हैं
रात के तारों से छनकर निकलती हुई बारीक़ हवा है
दूर एक खिड़की से आनेवाला धुंधला प्रकाश
अंगुलियों की तरह इस अंधेरे को छूता रहता है
बहुत-से छोटे-छोटे पत्थर हैं
जिन्हें तुम यादगार की तरह अपने पास रख सकते हो
यही सब तो है प्रेम
यह नहीं होगा तो कितना उजाड़ हो जायेगा यह सब

वह देर तक सुने हुए को अनसुना करता रहा
या कठोर शब्दों में जवाब देता रहा
कई बार उसने मुंह भी फेर लिया
लोग ताज्जुब से कहते रहे
तुम कैसे आदमी हो इस तरह आंखें तरेर कर देखते हो
प्रेम की भी तुम्हें कोई परवाह नहीं
बस लगातार कहते हो बंध चुका है मेरा सामान

तुम जो भी हो मेरे भाई
कुछ तो है जो तुम जाते-जाते भी यहीं अटक जाते हो
बार-बार यह सुनते जाते हो कि यही सब तो है प्रेम
यह नहीं होगा तो कितना उजाड़ हो जायेगा यह सब.

(2008)

शहर के एकालाप

1

धोखों से भरे इस नगर के चौराहों पर
बिना बात हॉर्न बजाती हुई लंबी-चौड़ी कारें गुज़रती हैं
उनके भीतर बैठे सवार तिरस्कार के साथ देखते हैं बाहर का संसार
मोटर साइकिलों पर प्रेमिकाओं को बिठाये हुए नौजवान
कलाबाज़ियां दिखाते भागते हैं
आसमान में भीमकाय हवाई जहाज़ आते-जाते हैं
अंतरराष्ट्रीय दैत्यों देवताओं और मनुष्यों को ढोते हुए

नाबदानों और सड़ते हुए नालों पर पुल बनाती हुई
तेज़ी से नयी मेट्रो रेल चली आती है
बस स्टॉप तमाम आधुनिक बना दिये गये हैं
उनके ऊपर एक निर्माणाधीन स्वर्ग के विज्ञापन चमकते हैं
जिसे अप्रत्याशित तेज़ी के साथ बनाया जा रहा है
उनके नीचे बैठे हुए दिखते हैं लोग पहले से कहीं अधिक बेज़ार
टूटी-फूटी ठसाठस भरी बसों के लिए
पहले से कहीं लंबा इंतज़ार करते हुए

आधी रात के बाद कभी-कभी
जो अकसर चौराहों पर चक्कर खाते हुए दिख जाते हैं
जो अपने किसी ठिकाने पर नहीं पहुंच पाते
लंबे समय से यहां रहते हुए भी वे पहली बार आये हुए लगते हैं
और रोज़ अजनबियों की तरह प्रकट होते हैं
रात में उन्हीं का है यह चमचमाता शहर.

2

आधा शहर नाक पर रूमाल रखकर पार करना पड़ता है
आधा शहर कम से कम कपड़ों में आपका स्वागत करता है
आधा शहर त्वचा और देह है आधा रेत और राख है
आधा शहर रात में दिन है आधा शहर दिन में रात है
आधा शहर खानपान है आधा शहर गहरा नाबदान है
आधा शहर धमनियों में दौड़ती हुई शराब है
आधा शहर थूक बलग़म और पेशाब है
आधा शहर रोशनी का पुल है आधे शहर की बत्ती गुल है
आधा शहर अमेरिका को सलाम ठोकता है
आधा शहर बीमार कुत्ते की तरह रिरियाता भौंकता है

आधा शहर अपने स्वर्ग से कचरा गिराता है
आधा शहर उसे थामता छानता बीनता धोता पोंछता चमकाता
फिर से उसे स्वर्ग पहुंचाता है.

3

वीरेन डंगवाल के अंदाज़ में

जिन्होंने सालो-साल बनाया तुमको मिहनत से
उन अंधी झोंपड़ियों को भी दे दो अपने कुछ बिजली के लट्टू
तुम जो रात भर रोशनी में नहा रहे हो
अरे अक्षरधाम के अड़ियल टट्टू.

(2006)

रोने की जगह

राहुल ढोलकिया की फ़िल्म 'परज़ानिया' और संजय काक की वृत्तफ़िल्म 'जश्ने आज़ादी' को समर्पित

पहले रोने की जगहें कुछ सीमित थीं
जहां-तहां दिखलाने से आंसुओं का महत्त्व कम हो जाता था
कोई अकेले घर में या घर के पिछवाड़े रोता था
किसी पेड़ के नीचे एक सुनसान पगडंडी पर
अकस्मात् किसी का मिलना कुछ देर को आंखों को नम कर जाता था
सपने में कभी कोई पूर्वज आंसू पोंछता हुआ आता था
जब भी भीतर से रोना जैसा उमड़ता था
तो उसके कारणों को अलग से जानना नहीं पड़ता था

इन दिनों रुदन कहीं से भी उठने लगता है
आंसू किसी भी जगह दिख जाते हैं
चमचमाते बाज़ार अपना अंधकार अपने पिछवाड़े में भेजते रहते हैं
उसे पार करते हुए लगता है एक नदी बह रही है
जहां भिखारी पागल अनाथ बच्चे बेसहारा पशु लहरों की तरह हैं
साथ-साथ एक परिवार की तरह जीवन बिताते
दंगाइयों के हाथ मारे गये अपने बच्चों की खोज में
उनके माता-पिता कहीं चलते जाते हैं
रोना उनके लिए एक लंबे रास्ते की तरह है
दिन महीने वर्ष एक फ़िल्म के कुछ दृश्य
बेस्ट बेकरी गुलबर्गा नरोदा पाटिया
यवतमाल में एक किसान आख़िरी बार दिखाई देता है
अपने खेत की मिट्टी को हथेलियों में लिये हुए
दूर कुपवाड़ा में जर्जर औरत-मर्द
अपने बेटे की शिनाख़्त के लिए जाते हैं

फ़ौजी बंदूक़ों से बनाये गये एक संकरे रास्ते पर
एक निर्दोष मृतक की जगह कोई दूसरा निर्दोष मृतक चला आता है
जिसे किसी तीसरे मृतक के नाम से जाना जाता है

अन्याय ही खाता रहता है इस देश की देह कहते थे रघुवीर सहाय
लोर्का का गिटार जैसा हृदय अब भी पांच तारों में बिंधा हुआ है
जिसे चुप कराना असंभव
कबीर का जागना और रोना जारी रहता है
ग़ालिब का साज़ दर्द से भरा है जिसे छेड़ते ही बहने लगता है रुदन
आंसुओं से भीगे हुए लोगों को कविता ले जाती है अपने भीतर
अपने घर में घर के पिछवाड़े पेड़ के नीचे किसी पगडंडी पर
खुले हुए अपने दरवाज़े के भीतर.

(2007)

क़िले के भीतर

बीकानेर में एक क़िले को देखकर, जिसकी नींव में एक दलित की बलि की गई थी

तलवारें ढालें बंदूक़ें बर्छियां सब शीशों के भीतर चली गयी हैं
पालकियां पालने बिस्तर जैसे किसी विशाल क़ब्र के ऊपर रखे हुए हैं
दर्शक चुपचाप धीरे-धीरे गुज़र रहे हैं
वे किसी चीज़ को छेड़ते छूते उठाते नहीं
धारदार भाषा में बोलते हुए गाइड से कोई सवाल नहीं पूछते
वरना राजा तो राजा है वह कभी भी तलवार उठा सकता है
अपने ही भाइयों के ख़िलाफ़ युद्ध छेड़ सकता है
दर्शकों को क़िले की दीवारें ऊंची करने का हुक्म दे सकता है
या पालकी पर जोत सकता है
लेकिन अब वह अपनी पगड़ी और मूंछों समेत तस्वीरों में बैठा हुआ है
दर्शक इसीलिए निश्चिंत हैं
तलवारें बुझ चुकी हैं बंदूक़ें ख़ामोश हैं

औरतों के चारों तरफ़ लगे हुए आईने अब भी साबुत हैं
इनमें वे अपने को दुगुना-तिगुना-अनगिनत होते हुए देखती थीं
ख़ुद पर ही हंसती गिरती पड़ती रहती थीं
यह उनका सौभाग्य है कि वे स्वाभाविक तरीक़े से मरीं
और अब तस्वीरों में बैठी हुई हैं
वरना वे कभी भी विधवा हो सकती थीं
उन्हें राजसी चिताओं में राजा के साथ जलाया जा सकता था
अब उनकी आंखें लगातार दर्शकों का पीछा करती हैं
जैसे चाहती हों वे उनके पास आकर कुछ देर खड़े रहें उन्हें निहारें
और यह भरोसा दिलायें कि युद्ध बंद हो चुका है
और उनके पति लौट रहे हैं

लेकिन शासकों का इतिहास इस तरह बनता है
कि युद्ध चलता रहता है
कंगूरे परकोटे हथियारख़ाने अस्तबल बनते रहते हैं
अनाज के नमक के पानी के अकाल आते रहते हैं
भूखे प्रजाजन गिरते-पड़ते घिसटते हाज़िर होते हैं
और राजा का क़िला बनाने में जुट जाते हैं
नींव में एक मासूम का रक्त बहता है और दीवारें उठती हैं
और एक दिन चारों ओर ख़ूब रोशनी होती है
इतिहास के भूगोल पर बहुत से बल्ब चमकने लगते हैं
एक विशाल क़ब्र एक भव्य संग्रहालय बना दी जाती है
अंधेरा लेकिन नहीं भागता
और राख के रंग के वे गिद्ध भी उड़ कर कहीं नहीं जाते
जो क़िले के जन्म से कंगूरों के साथ एकाकार बैठे हुए हैं.

(2006)

मोहन थपलियाल

जाने-माने कथाकार-पत्रकार-अनुवादक मित्र मोहन थपलियाल की स्मृति में

अपने इंजीनियर दादा की दुमंज़िला हवेली में तुम रहे नहीं
तुम्हें सिर्फ़ उसका जर्जर होना याद रहा
बहुत पहले ही तुम विस्थापित हो गये थे
जंगलों पहाड़ों के बीच भारत तिब्बत बॉर्डर पुलिस की बैरकों में
वायरलेस सेट के सामने अकेले बैठे
हवा में भेजते कूट-संदेश डा डिड्‌ डा डाडिड्‌ डाडिड्‌डा डा...
जिनका अर्थ सिर्फ़ यही था कि हम सुरक्षित हैं
दुश्मन आसपास कहीं नहीं है फिर भी सावधान...स्टॉप

तुम्हारा सफ़र जंगलों घाटियों जैसा ऊबड़-खाबड़ था
उसके निशान तुम्हारे भीतर दर्ज होते रहे
जैसे एक पेड़ में दर्ज होते रहते हैं उसके वर्ष
और जब तुम उन एकरस ध्वनि-संकेतों के जंगल से बाहर आये
ठोस तीखे शब्दों की दुनिया में तो वह एक और विस्थापन था
वहां भीषण कोहराम था और कुछ भी सुरक्षित नहीं था
अपना हाल बताने के लिए वायरलेस के बटन नहीं थे
और 'हक़ीक़त जानने के लिए झींगुरों के शोर और जुगनुओं की
रोशनी के बीच से जोखिम भरा रास्ता टटोलते हुए
काफ़ी दूर जाना होता था'[1]

इस यात्रा में तुम्हें बहुत देर से बेर्टोल्ट ब्रेश्ट मिला
जर्मनी का वह कवितानाटकवाला मृत्यु के अठारह वर्ष बाद

---

1. मोहन थपलियाल की कहानी 'त्रिकोण' का एक वाक्य

अकल्पनीय अत्याचारों का गवाह दुनिया का सबसे ज़िद्दी विस्थापित
जो 'जूतों से ज्यादा देश बदलता हुआ'[1] यातना शिविरों से बचता फिरा
क्योंकि उसे जानना था अपने लोगों के दुख का कारण
बतलाने थे वर्ग व्यवहार करना था दुनिया को बदलने का
पुराना अनिवार्य और असंभव काम
उसी के शब्दों में तुम्हें अपने विस्थापन का अर्थ मिला
उसका हाथ थामे हुए तुमने देखा
जगह-जगह अब भी बने हुए हैं छोटे-छोटे यातना शिविर
जो जितना ताक़तवर उसके भीतर बैठा हुआ उसी के आकार का एक हिटलर
और आज भी अंधेरे का वही युग
जहां हंसते रहना है जीवन गुज़ारने की सबसे बड़ी कला[2]

विकट था पूंजी के तंत्र के बीच टिके रहने का संघर्ष
बाबूगीरी मास्टरी वायरलेस ऑपरेटरी बेकारी जेएनयू में जर्मनी
एक अदद अख़बारी नौकरी फिर बेरोज़गारी डा डिड डा...स्टॉप
तब भी तुमने खोयी नहीं बच्चों जैसी अपनी हंसी
पहाड़ी बूढ़ों जैसी अपनी समझ खोये नहीं अपने जंगल और पहाड़
एक साधारण जीवन में एक असाधारण आग जलती रहती है
वह कभी सुलगता कभी झुलसता है अपने भीतर
जिसकी कहानी कहने के लिए
एक नयी भाषा की दरकार है
इस बीच ताक़तवर चला देता है बाज़ार में नयी मुद्रा नये नियम
एक सामर्थ्यवान हर ख़ाली जगह पर क़ब्ज़ा कर लेता है

अस्पताल से लौटते हुए अपने कलेजे का रक्त थामे हुए
तुम देखते हो बच्चे कुछ और बड़े हो गये हैं
और घर की मद्धिम रोशनी में अपना पाठ पढ़ रहे हैं
रसोईघर में खड़ी पत्नी बीच-बीच में देखती है

---

1. बेर्टोल्ट ब्रेश्ट की कविता 'बाद में जन्म लेनेवालों के लिए' का एक अंश
2. जर्मन भाषा में 'लेबेनकुंस्ट' जिसे ब्रेश्ट अकसर इस्तेमाल करते थे

मुश्किल से जुटाया हुआ अपना छोटा-सा संसार
और तुम अपने कॉमरेड ब्रेश्ट की कविता पर झुके हुए
पूछते हो शायद जीवन का आख़िरी सवाल
अब अगला विस्थापन कौन-सा है
कहां है कूट-भाषा के संकेतों का गंतव्य.

(2003)

शहर फिर से

इतने समय से तुम क्या खोजते हो इस शहर में
जहां एक धुंधली युवावस्था में
तुम पत्थर की तरह लुढ़कते हुए आये थे
तुम्हें मिली एक ख़ाली जगह एक रात और रात के लिए बिस्तर
यहीं तुम्हें दिखी अपनी स्पष्ट ग़रीबी यहीं मिला अपना अहंकार
यह कौन-सी सभ्यता थी कौन-सा समय
वे किसकी रोशनियां थीं जो तुम्हारे आगे-पीछे चमकती रहती थीं
तुम शहर के भीतर प्रवेश करना चाहते थे उसके रक्त में
उसकी रातों में जिसकी सड़कें कई-कई हाथों से तुम्हें छूती थीं

और अब सुबह उठकर तुम देखते हो
जैसे यह कोई दूसरी जगह दूसरा शहर हो
तुम्हारी सड़कें धुंधली-सी हवा में झूलती हुई दिखती हैं
तुम्हारे चौराहे अदृश्य हो चुके
वे घर ज़मींदोज़ हो गये जहां तुम चले आते थे
वे लोग भी उन पतों पर नहीं रहते जो तुम्हारी डायरी में दर्ज हैं

अब जहां तुम एक शाश्वत आपाधापी में चलते हो
चमकती हुई चीज़ों के बीच से
हांफते सीढ़ियां चढ़ते-उतरते कभी-कभी हंसते दिखते हो
किताबें और दवाएं ख़रीदते हुए
पैसे खोजने के लिए बार-बार अपनी जेबें टटोलते
जैसे देर हो गयी हो और समय निकला जा रहा हो
वह कोई और ही शहर है जहां तुम होना नहीं चाहते
फिर भी तुम्हें होना होता है तकलीफ़देह सड़कों चौराहों के बीच

तमाम चीज़ों के पिछवाड़े
आज और अभी इस तरह जैसे यह कोई पुरानी बात हो

और जब तुम एक दिन झोला-बिस्तर उठाकर यहां से छूटने के लिए
निकलते हो तो पाते हो तुम्हारे और शहर के बीच कोई नहीं है
लोग जा चुके हैं सड़कें चौराहे सब कुछ एक स्थिर बिंब में ठहरा हुआ है
हवा का एक झोंका आता है आसमान का एक हिस्सा
तुम्हारे चेहरे का स्पर्श करता है दूर एक तारा चमकता है
और इतने पास आ जाता है जैसे वह इस शहर का प्रकाश हो
और तुम्हारा कोई पुराना स्वप्न इस तरह जीवित हो उठता है
कि तुम उसे छू सकते हो
तब तुम सड़क के किनारे एक पत्थर पर बैठ जाते हो
और सोचते हो उस शहर में अब भी पहुंचा जा सकता है
जिसकी खोज में तुम यहां आये थे
एक पत्थर की तरह कहीं से लुढ़कते हुए.

(2003)

मां की स्मृति

तरह-तरह से होनेवाली औरतों की मृत्यु के बावजूद
मैं अंत तक सोचता था मां कहीं नहीं जाती
हद से हद पड़ोस में गयी रहती है
या खेत और जंगल की ओर
जैसे शाम होते ही चिड़ियां लौटती हैं वह लौट आती है
मांओं का शाम का आसमान हर जगह घर-वापसी से भरा होता है

कुछ साल बाद वह बीमार पड़ी और शहर आयी
जहां उसे बार-बार अस्पताल जाना पड़ा
तब भी वह जल्दी घर लौटने की बात कहती थी
शायद कभी वह अपने बचपन में जाती होगी
जो अब एक दूसरा ही लोक था
पता नहीं कब की विदा हो चुकीं अपनी मां और दादी के पास

वह अकसर कहती थी औरतों के दो घर दो जन्म होते हैं
दोनों में साथ-साथ रहना होता है इन अभागियों को मृत्यु तक
और सबका सुख चाहने के लिए अगले जन्मों में भी
ईश्वर उन्हें बना देता है औरत

जब उसकी तकलीफ़ ज्यादा बढ़ जाती
जब उसे लगता जिस पृथ्वी पर वह हवा की तरह थी
वहां उसका बोझ बढ़ता जा रहा है
तो वह हर किसी से क्षमा याचना करती दिखती

जब आख़िरकार वह इस संसार से जाने को हुई
वह अपने बादलों खेतों पेड़ों और हवाओं को बुलाना चाहती थी
पांचों उसकी बेटियां दौड़ी आयीं
कुछ देर वह उनके चेहरों पर पता नहीं क्या देखती रही
फिर उसने कुछ कहा जो किसी को ठीक से सुनाई नहीं पड़ा
कुछ कहो बताओ हमारे लिए कुछ कहो सब यही पूछते थे

उसके जाने पर मैंने उसके तमाम कपड़े बांट दिये
उसका बिस्तर तकिया शॉल चश्मा उसकी चप्पलें
उसकी दवाएं फेंक दीं दाग़-धब्बों से भरी चादरें बाहर कर दीं
कमरे में उसका कोई सामान नहीं बचा
अगर कुछ बचा तो वह मैं था
जिसने एक कर्मकांड में एक बदबूदार नदी के तट पर ले जाकर
उसे जलाया और बहा दिया

कितनी जल्दी उसे एक स्मृति में बदल जाना था
एक पूर्वज की तरह एक कर्मकांड में याद आना था.

(2002)

करुणानिधान

प्रतिबद्ध चित्रकार-मित्र की स्मृति में

सबसे मीठी मुलायम ब्रेड कहां मिलती है
कम मीठे की मिठाई कम नमक की नमकीन कहां मिलती है
सबसे मज़बूत काग़ज़ कहां बिकते हैं सुंदर सस्ते झोले कहां टंगे रहते हैं
किस जगह से दिखता है सबसे ज्यादा आसमान
शहर के बारे में सब कुछ जानते थे करुणानिधान
झोले से निकालते ब्रेड और घर का बना पनीर
कुछ खाता हुआ मनुष्य दुनिया का कितना सुंदर दृश्य है
ऐसे दृश्यों को वे रख लेते अपने थैले में

मन ही मन बनारस अपने घर चले जाते करुणानिधान
भूखे उनींदे पैदल नापते शहर
चलते-चलते हो जाते भूमिगत अपने रंगों और कैनवस के साथ
सोचते तमाम रंग तहख़ाने से उठेंगे कभी करेंगे एक विस्फोट
वसंत गर्जना[1] जो अभी कैनवस पर है उसकी सुबह हम देखेंगे एक रोज़
बनारस कोलकाता दिल्ली सादतपुर अल्मोड़े के पहाड़
कैनवस न हों तो न सही काग़ज़ों पर ऐंठी हुई आकृतियां
रेखाएं तोड़कर बाहर निकलती उन चेहरों की चीख़
कभी कोई देह अपनी ही सांसों से उठती-गिरती हुई
अमीर ख़ां और ओंकारनाथ ठाकुर की जुगलबंदी
झोले में ताज़ा स्याही की ख़ुशबू फैलाता मुक्ति[2] का नया अंक
शहीद भगत सिंह के नास्तिक बनने की कहानी

---

1. पश्चिम बंगाल का नक्सलबाड़ी विद्रोह
2. करुणानिधान द्वारा संपादित पत्रिका

और आइरिश रिपब्लिकन आर्मी के धुंधले पुराने दस्तावेज़
जो अभी-अभी लिखे हुए लगते हैं जैसे अभी हो उनकी ज़रूरत

और दिल को उछलने-डूबने से रोकने के लिए एक पेसमेकर
जो देह के भीतर लगा है किसी छोटे-से वाद्ययंत्र की तरह
भेजता ऊर्जा के संकेत रंगों के तहख़ाने की आवाज़
काग़ज़ रंग कूचियां सब रणभूमि में उतरने को तैयार हैं
गिरधर राठी के समकालीन भारतीय साहित्य[1] का मुखपृष्ठ बन गया है
अख़बारों के लिए भाग्यरेखाओं जैसे रेखांकन पूरे हो चुके हैं
केदारनाथ सिंह के बाघ[2] के कई मांसल रूप
झांकते हैं झोले से बाहर निकलने के लिए

लेकिन कहां लोप हो गये वे हक़ीर और फ़क़ीर
जो सब कुछ छोड़कर चले जाते थे और फिर ख़ाली हाथ लौट आते
ग़रीबी और दीवानगी किस रसातल में गयी
जो कभी घर नहीं बनाती थी फटे हुए कपड़ों में छिप जाती थी
वे तहख़ाने क्या हुए जहां एक विस्फोट में इकट्ठा होते रहते थे रंग

एक स्वप्न के बिखरने पर तुरंत नहीं आ जाता दूसरा स्वप्न
एक ख़ुशी को विदा करने नहीं आती एक और ख़ुशी
एक विराग की जगह सफ़र पर नहीं चल पड़ता दूसरा विराग
जो जगह ख़ाली होती है वह हमेशा ख़ाली रहती है
जीवन के आख़िरी हासिल में
एक बड़ा-सा काग़ज़ बचा हुआ रहता है
कैनवस पर पिघले हुए रंग सिकुड़ते जाते हैं
किसी दुकान में एक मीठी मुलायम ब्रेड अनबिकी रहती है
मुक्ति का एक दस्तावेज़ झोले के भीतर फड़फड़ाता रहता है.

(2003)

---

1. गिरधर राठी द्वारा संपादित अकादेमी की पत्रिका
2. केदारनथ सिंह के कविता संग्रह के रेखांकन

दो कवियों की कथा

शमशेर और मुक्तिबोध की स्मृति में

प्रेम के सबसे सघन कवि को प्रेम नहीं मिला
उसके सामने दूध रोटी दवा का हिसाब था
जिसे वह कभी समझ नहीं पाया
दुनिया आईनों से भरी हुई थी जिन्हें वह स्याही की तरह
अपने अंतर्जल में घोलता रहा
मनुष्य की भाषाएं तमाम बोली कबूतरों की
उसकी तड़प को उठाने में असमर्थ थीं
वह बहता रहा प्यास के पहाड़ों पर सुंदरता का प्रपात

यातना के सबसे बीहड़ कवि को यातना ही मिली
कड़ी मारें और एक से एक दुःस्वप्न
वही था प्रेम के कवि का एक सच्चा दोस्त
वह एक जंगल की तरह था बार-बार अपने पत्ते गिराता हुआ
अपने शब्दों को काटता
उसे चौराहे ही मिले जीवन में भागता रहा दम छोड़
जिन्होंने संसार में प्रेम नष्ट किया यातना पैदा की
उसने देखे रात में उनके जगमग जुलूस
इन दिनों वे दिन में भी जगह-जगह निकलते दिखते हैं

यातना का कवि जल्दी ही इस संसार से चला गया
तब प्रेम के कवि ने सोचा मुझे रहना चाहिए यहां कुछ दिन और
अंततः प्रेम ही है यातना का प्रतिकार
अन्याय का प्रतिशोध
फिर वह अकेला झेलता रहा सारी यातना रह सका जितनी देर.

(2003)

कॉलगर्ल

वे अकेले नहीं हमेशा समूह में पकड़ी जाती हैं
किसी बंगले या शानदार फ़्लैट से सामान की तरह निकाली जाती हुईं
टीवी या अख़बारों में एक झलक दिखने के बाद वे लापता हो जाती हैं
शायद उनकी कुछ सहेलियां अब भी घूमती होंगी
राजधानी के व्यस्त बस स्टॉपों पर पहचान छिपाने के लिए
घर लौटती आम औरतों के बीच
बताते हैं शहर में ऐसे कुछ एकांत कोने हैं
जहां शाम होते ही वे प्रकट होती हैं
और प्रतीक्षा से भरी हुई प्रेमिकाओं सरीखी दिखती हैं

मैं एक बार उनमें से किसी एक का चेहरा देखना चाहता था
जो विवश होकर हमेशा अपने को अपनी चुन्नियों में छिपा लेती हैं
लेकिन इतने वर्षों में कोई साक्षात् कॉलगर्ल दिखी नहीं
कभी-कभी अपने में डूबी खिलखिलाती युवतियों के समूह ज़रूर दिखे
वे अपनी तरफ़ घूरते पुरुषों को आंख उठाकर भी नहीं देखती थीं
एक शाम अंधेरे में एक युवती का अंधेरे जैसा चेहरा दिखा
किसी आकस्मिक आक्रमण से बचाव की मुद्रा में
उसने अपने दोनों हाथ वक्ष पर बांध लिये
पता नहीं उसकी आंखों में क्या था संशय या इंतज़ार या धिक्कार

उन लड़कियों की कहानी भी किसे मालूम है
जो रोज़ दिखती हैं सड़कों नुक्कड़ों पर अपनी घबराहट छिपाती हुईं
या काम से लौटकर बसों में ऊंघती या आंखें मूंदे ध्यानस्थ
जिन्हें कभी कई भद्रजन घूरते या कुछ शोहदे छेड़ते हैं
पल भर वे क्रोध से उनकी तरफ़ देखती हैं

फिर अन्यमनस्क आंखों को शून्य में कहीं दूर ले जाती हैं
या पक्षियों की तरह कोई आसन्न संकट भांप कर
कुछ पहले ही उतर जाती हैं
तब उन पुरुषों की आंखों में देखो तो एक चमकदार बिंब दिखता है
जैसे उन्हें फिर से कोई कॉलगर्ल दिख गयी हो

और जो पकड़ में आती हैं क्या वे सचमुच कॉलगर्ल होती हैं
यह उनके अलावा और कोई नहीं जान सकता
ऐसी साहस की पुतलियां अभी दिखती नहीं जो यह बेहिचक कह सकें
और वे विज्ञापनी मॉडलें भूतपूर्व देहें जो अब मुजरिम बनी हुई हैं
जिन्हें ढलती उम्र के कारण काम मिलना बंद हो गया है
अपनी बेरोज़गारी की वजहें भी प्रकट नहीं करती हैं
हमारी अश्लीलता उनके फ़ोटो में ही अपनी ख़ूराक पा लेती है

फिर भी इस विराट शहर में होती होंगी कॉलगर्ल
शायद उनका एक पूरा तंत्र हो किसी तहख़ाने में उनका एक बहनापा हो
स्त्रियों का शत्रु एक समाज अपने लिए एक कॉलगर्ल ढूंढ़ता फिरता है
अकसर लंबी-चौड़ी कारों में संपन्न शोहदे घूमते दिखते हैं
लड़कियों में कॉलगर्ल होने की संभावना खोजते हुए
उनके अभियान शायद सफल होते होंगे
उनका उपभोग करने के बाद उन्हें अपने लिए बेकार जानकर
वे उन्हें पुलिस के हाथों सौंप देते होंगे
और ख़ुद सुर्ख़ियों में आने से पहले
अपनी गाड़ियों में चंपत हो जाते होंगे नयी शिकारगाहों की ओर.

(2004)

जीवन का पाठ

एक मीठे फल की तरह जो भीतर से कड़वा होता है
या एक कड़वे फल की तरह जो भीतर से मीठा होता है
या कोहरे की तरह जिसमें तुम्हारा बचपन घुला हुआ है
या एक तेज़ शराब की तरह
जिसे पीकर तुम कुछ अजनबी छायाओं के पीछे दूर तक जाते रहे

तुम्हारे भीतर जितने लोग हैं
वे अचानक कभी किसी चौराहे पर किसी भीड़ में झलक उठते हैं
तुम जब कुछ बोलते हो
तो उसमें किसी पुराने दोस्त की आवाज़ होती है
तुम्हारे चलने में बहुत से परिचितों के क़दम दिखाई दे जाते हैं
कभी अपने दादा की तरह हकलाते हो
पिता की तरह किसी बात पर सहसा ख़ामोश हो जाते हो
संसार में अकेले भेज दिये बच्चे की तरह रोते हो
या किसी स्त्री की तरह मुस्कराते हो
जिसे प्रेम ने छूकर एक फूल की तरह खिला दिया हो
कभी घायल की तरह एक ऐसे युद्ध में पड़े रहते हो
जिसे शुरू करनेवाले बहुत पहले अपने घरों को लौट चुके हैं
कई बार तुमसे अछूत की तरह बचने की कोशिश की गयी
पलटकर तुम मर्मभेदी निगाह से देखते रहे
जैसे शिकार अपने शिकारी को देखता है

तुम रात भर जागते हो
और सुबह रोटी की शक्ल में तुम्हारे हाथों में पहुंच जाती है
तुम बाज़ारों में जाते हो

और सिक्के के दोनों रुख़ देख लेते हो
तुम्हारे पास कई फ़ालतू चीज़ें जमा हैं
घिसी हुई पेंसिलें अपने रफ़्तार से दूर गिरे हुए नन्हे पहिये
समय से अलग हो चुके घड़ी के कांटे
या पुराने तार जो पता नहीं कहां-कहां रोशनी पहुंचाते रहे
यह सिर्फ़ इसलिए है कि अभी उनमें जीवन बचा हुआ है.

(2006)

दुख का पाठ

उसे पकड़ पाना आसान नहीं है
वह अकसर छिप जाता है जहां भी जगह मिलती है
ज़रा-से अंधेरे में धूल की पतली परत में
कभी सुख के चमकते घर में ही पलंग पर अदृश्य लेटा रहता है
हम जो भी शब्द लिखते हैं वह उसे ही अपनी ओट बना लेता है
और हम समझ नहीं पाते कि दो शानदार पंक्तियों के बीच
अचानक यह कौन-सा अंधेरा है
उसे इमारतों और शहरों के पिछवाड़े पसंद हैं
वह सुख की तुलना में कहीं ज़्यादा तेज़ और उलटी दिशा में चलता है
जगह-जगह अपने रूमाल छोड़ देता है
जो भीगे हुए और भूल से छूटे हुए से लगते हैं

तोल्स्तोय बहुत पहले लिख चुके हैं
कि तमाम सुखी परिवार एक ही ढंग से सुखी होते हैं
और हर दुखी परिवार अपने ढंग से दुखी होता है
और उसे पहचानने के लिए भी कितना लंबा जीवन जीना पड़ता है
कितनी त्रासदियां अंजाम देनी होती हैं
तब भी जब वह नहीं दिखता तो उसे ईजाद करना होता है
जो लोग दुख को ईजाद नहीं कर पाते वे उसे देख भी नहीं पाते
क्योंकि सोचना ही देखने की पहली अनिवार्य शर्त है

तुम दुख में हो यह बात सिर्फ़ तुम जानते हो
तुम कोई एकांत खोजते हो कोशिश करते हो
कि तुम्हारी आंखों से दो बूंद आंसू गिरें
गालों से होते हुए तुम्हारे होंठों और जीभ तक आयें

और इस तरह एक विकट मानवीय स्थिति
काल के भीतर कहीं दर्ज हो सके
लेकिन जब सचमुच ऐसा क्षण आता है तो तुम आंखें पोंछ देते हो
बिना यह जाने हुए कि यह दुनिया के तमाम लालची सतही सुखों पर
दुख की विजय हो सकती थी
एक नये संसार की सम्भावना.

(2006)

ख़ुशी का पाठ

वह इन दिनों पहले से कहीं ज़्यादा साफ़ और सुंदर दिखाई देती है
उसके दांत जगह-जगह चमकते हैं
लोग बार-बार बाज़ार जाते हैं कुछ ख़रीदते रहते हैं
एक बड़े-से हॉल में सजी हुई मेज़ों के इर्दगिर्द इंतज़ार करते हैं
कि कब सनसनाते हुए व्यंजन आयें कब तालियां बजें और
तस्वीरें खिंचें कब लतीफ़े शुरू हों
और शराब के समुद्र में रक्त का द्वीप तैरता हुआ दिखे[1]
वह दृश्य जिसमें एक हाथ गिलास और दूसरा हाथ कबाब थामे हुए है
इन दिनों बार-बार दुहराया जाता है
दो ताक़तवर शत्रु आपस में हाथ मिलाते
कभी-कभी गलबहियां डाले हुए कहते हैं
आपसे मिलकर बहुत ख़ुशी हुई

ख़ुशी मनुष्य की ताक़त बढ़ाती है उम्र बढ़ाती है व्यवसाय बढ़ाती है
अपनी देह को एक पार्टी से दूसरी पार्टी में ले जाती है
उसका मुंह मिठास से भरा हुआ है
इतना शहद कि वह कहीं भी चिपक जाता है
उसके नीचे दब गये हैं दूसरे तमाम स्वाद
निराशा का नमक कहीं गहरे डूबा हुआ है
क्रोध की कड़वाहट भीतर घुट रही है ऊब का बासीपन पड़-पड़ा सड़ रहा है
नफ़रत की खटास तैर रही है
अंत में जब बहुत रात हो जाती है
दरवाज़े खुलते हैं तमाम स्वाद बाहर आते हैं

---

1. श्रीलंका के गृहयुद्ध पर एक किताब 'आईलैंड ऑफ ब्लड' का पांच-सितारा होटल में विमोचन

तो ख़ुशी बौखला उठती है
वमन करने लगती है संसार को कोसने लगती है

ख़ुशी के सौदागरो अब और मत पछताओ
कुछ खट्टा चरपरा तीखा कड़वा कसैला
कुछ बासी कुछ बेस्वाद खाकर आओ.

(2006)

प्रेम का पाठ

वह कई सभ्यताओं को लांघती हुई आयी है
और तुम्हारे बिलकुल पास बैठी हुई है
उसकी घनी छाया में तुम एक छोटे-से बच्चे की तरह हो
वह अपनी आंखों के भीतर की आंखों से तुम्हें देखती है
अपने होंठों के भीतर के होंठों से तुम्हें छूती है
किसी ऐतिहासिक रात की तरह फैले हुए उसके केश
तुम्हें अपनी शांत छाया में ले लेते हैं
उसके आंसुओं का नमक तुम्हारे भीतर बहने लगता है
वह तुम्हें अपने शब्द सौंपती है ताकि तुम उनसे पूरे वाक्य बना सको
अपनी सांस को तुम्हारी सांस में घुला देती है
तुम्हारी आवाज़ में बोलने तुम्हें अपनी शक्ल में ढालने लगती है
इसलिए कि मनुष्य को जन्म देने का यही एक तरीक़ा है

लेकिन अब बहुत देर हो गयी है
दुनिया की बहुत सारी सख़्ती तुम्हारे भीतर आ चुकी है
बहुत-से तेज़ औज़ार तुम्हारी आत्मा को घिसकर गोल बना चुके हैं
बाहर निकलते ही तुम एक कवच पहन लेते हो एक छाता तान लेते हो
और एक किनारे पर खड़े हो जाते हो
तुम्हें हर आवाज़ किसी दूसरे किनारे से आती हुई लगती है
हर उपस्थिति किसी अजनबी आहट की तरह महसूस होती है
और अगर तुम अब भी एक घायल की तरह धूप में भटकते हो
तो इसका अर्थ यही है कि तुम कोई छाया खोज रहे थे
पानी का कोई स्रोत खोज रहे थे कोई रात खोज रहे थे.

(2006)

अच्छाई का पाठ

अच्छाई से अच्छा कुछ भी नहीं
सो तुम हर वक़्त अच्छाई की कोशिश करते रहे
कुछ इस तरह कि एक दिन इतिहास में दाख़िल हो गये
तुम किसी ख़्वाब के लिए ज़िंदा रहे
जो हक़ीक़त की चोटों से घायल होता रहा
इसलिए चलता चला आ रहा है अभी तक
तुमने थोड़ी मदद की और न कर पाये तो परीशां हुए
कहीं कोई हादसा हुआ तो वो तुम्हें ख़ुद पे गुज़रा हुआ लगा
और जब तुमने रुखाई से कुछ कहा तो कितना पछतावा हुआ

प्यार में तुम किसी करिश्मे का इंतज़ार करते रहे
सितमगरों का साथ नहीं दिया पैसे की ख़ातिर ख़याल बदले नहीं
कभी ताक़त की दहलीज़ तक गये तो अपने को बददुआ दी
आदमख़ोरों को भी तुम हैरत से देखा किये
सोचा किये कि आख़िर हमीं से कुछ हुआ है कि वे इस तरह हो गये
अकसर अपने भीतर झांका किये कहीं कोई गड़बड़ तो नहीं
तुम्हारा अदना ज़मीर कहता रहा ग़लत ग़लत सही सही

मगर इसमें क्या ये तो है इंसानियत का सामान्य वर्णन
सामान्य बातें भी, मगर इन दिनों हो चली हैं
कितनी कठिन.

(2006)

राग मारवा

अमीर ख़ां और पन्नालाल घोष के संगीत की स्मृति

बहुत दूर किसी जीवन में से निकल कर आती है
राग मारवा की आवाज़
उसे अमीर ख़ां गाते हैं अपने अकेलेपन में
या पन्नालाल घोष बजाते हैं
किसी चरवाहे की-सी अपनी लंबी पुरानी बांसुरी पर
वह तुम्हारे आसपास एक-एक चीज़ को छूता हुआ बढ़ता है
उसके भीतर जाता है उसी का रूप ले लेता है
देर तक उठता एक अलाप धीरे-धीरे एकालाप बन जाता है
एक भाषा अपने शब्द खोजने के लिए फड़फड़ाती है
एक बांसुरी के छेद गिरते पिघलते बहते जाते हैं
उसमें मिठास है या अवसाद
यह इस पर निर्भर है कि तुम जब उसे सुनते हो तो क्या खोजते हो

मारवा संधि-प्रकाश का राग है
जब दिन जाता हुआ होता है और रात आती हुई होती है
जब दोनों मिलते हैं कुछ देर के लिए
वह अंत और आरंभ के बीच का धुंधलका है
जन्म और मृत्यु के मिलने की जगह
प्रकाश और अंधकार के गड्डमड्ड चेहरे
देर तक कांपता एक विकल हाथ ओझल हो चुका है
एक आंसू गिरते-गिरते हमेशा के लिए रुक गया है
कहते हैं मारवा को किसी आकार में समेटना कठिन है
वह पिघलता रहता है दूसरे रागों में घुल जाता है
उसमें उपज और विस्तार पैदा करना भी आसान नहीं

उसके लिए भीतर वैसी ही कोई बेचैनी वैसा ही कोई विराग चाहिए
तुम उसे पार्श्व-संगीत की तरह नहीं सुन सकते
क्योंकि तब वह सुस्त और बेस्वाद हो जाता है
गायक-वादक सब जानते हैं
लोगों को अब यह राग ज़्यादा रास नहीं आता
कोई व्यर्थ की झंझट में नहीं पड़ना चाहता
इन दिनों लोग अपने ही सुख से लदे हुए मिलते हैं

फिर भी भूले-भटके सुनाई दे जाता है
रेडियो या किसी घिसे हुए रेकॉर्ड से फूटता शाम के रंग का मारवा
अमीर ख़ां की आवाज़ में फैलता हुआ
या पन्नालाल घोष की बांसुरी पर उड़ता हुआ
आकार पाने के लिए तड़पता हुआ एक अमूर्तन
एक अलौकिकता जो मामूली चीज़ों में निवास करना चाहती है
पीछे छूटे हुए लोगों का एक गीत
जो हमेशा पीछे से आता सुनाई देता है
और जब कोई उसे सुनता न हो और कोई उसे
गाता-बजाता न हो तब भी वह गूंजता रहता है
अपने ही धीमे प्रकाश में कांपता हुआ मारवा.

(2001)

राग शुद्ध कल्याण

भीमसेन जोशी को सुनने के बाद

वह मिठास जो जीवन से कम होती जाती है
अकसर शुद्ध कल्याण में मिलती है
उसका साफ़ मीठा पानी चमकता रहता है
उसकी छोटी-बड़ी नदियां जगह-जगह फैली हैं
उसका ज्वार चंद्रमा को गोद में ले लेता है
उतरती हुई उसकी लहरें बहुत नीचे पृथ्वी के गर्भजल तक चली जाती हैं
और तुम जब इस पृथ्वी की सतह पर निरर्थक डोलते हो
लकड़ी पत्थर घासफूस या कुछ टूटी-फूटी चीज़ों की तरह
तो वह तुम्हें हल्का और तरल बनाता हुआ अपने साथ ले जाता है

अपनी कल्पना के यथार्थ में हर संगीतकार
इस राग को कई तरह से रचता आया है
जैसे बार-बार अपनी ही सुंदरता को प्रकाशित करता हो
बारीक़ी से उसे तराशता हुआ
जब तक एक-एक स्वर की कला समूचे राग की कला न हो जाये
स्वरों के स्थापत्य में चमक उठता है एक-एक स्थापत्य स्वर
और तब बहुत प्राचीन होते हुए भी वह इतना नया लगता है
जैसे उसका जन्म पहली बार हो रहा हो
लेकिन हर संगीतकार उसकी पूर्णता तक पहुंचने से पहले ही लौट आता है
दूसरी आवाज़ों के लिए उसे छोड़ता हुआ

शुद्ध कल्याण सुनते हुए तुम उसके आरपार देख सकते हो
तुम्हारे अपने ही स्वर उसमें गूंजते हैं
भले ही तुमने उन्हें पहले कभी न सुना हो

और तुम उन्हें अकेले भी नहीं सुन रहे हो कोई तुम्हारे साथ है
तुम्हारे भीतर तुम्हारा कोई अंश
जो तुम्हें सहसा पहली बार दिखाई दिया है
स्वरों की एक बौछार बार-बार तुम्हें भिगो देती है
वह तुम्हारा सारा कलुष धो रही है
ऐसे ही किसी क्षण में तुम उसे गा उठते हो
क्योंकि उसमें इतनी कोमलता है
क्योंकि तुम ख़ुद उस कोमलता के बहुत पास पहुंच चुके हो
कि उसे गाये बिना रह नहीं सकते
अपनी किसी व्यथा अपनी किसी वासना में
चंद्रमा तक अपनी आवाज़ उठाने की कोशिश करते हुए
आधी-अधूरी जैसी भी हो वही है जीवन की बची हुई मिठास.

(2001)

शरीर

जिनसे हम प्रेम करना छोड़ देते हैं
वे चीज़ें हमें छोड़कर चली जाती हैं
या अपनी ही जगह ओझल होने लगती हैं
हमारे शरीर भी इसी तरह धीरे-धीरे हमसे दूर हो गये
एक समय के सुंदर हमारे हाथ-पैर अब कितने बेगाने हैं
यह चेहरा किसी दूसरे शरीर का लगता है
यह दिमाग़ जो दुनिया में अकेला जगमग करता था
अब एक छोटी भुरभुरी चट्टान जैसा है
और हड्डियां जो मृत्यु के बाद भी चमकती रहती हैं
एक खटखट में बदल गयी हैं
और भीतर से दरवाज़ा खोलने की कोशिश करती हैं

हम अपने शरीरों से मनमाना व्यवहार करते रहे
जैसे वे हमें कुछ ही समय के लिए मिले हों
मुफ़्त में मिले माल की तरह लुटाते हुए
हमने कभी उनके स्पंदन नहीं सुने उनके दर्द को नहीं छुआ
कभी उन्हें उनकी निबिड़ एकांकी सुंदरता में देखा नहीं
कभी सोचा नहीं इनके भीतर भी एक आत्मा रहती है
शरीर के उपभोक्ता हम जान नहीं पाये कैसे करें उससे प्रेम

अब हर तरफ़ एक विराट स्थूल शरीर पसरा हुआ है
जिसके विस्तार के लिए रात-दिन खुली हुई व्यायामशालाएं हैं
फुलाये हुए सीनों और बाजुओं की मोटी मछलियों का प्रदर्शन
टांगों और बांहों के फ़ालतू बाल उड़ाने की करामातें
उनका मैल छुड़ाते हुए नित नये साबुन

शरीर के दुख को दबाती हुई ख़ुशबुओं की फुहारें
शरीर का इतना शोर इतना प्रचार
शरीर की मृत्यु छिपाने के लिए
लगातार बढ़ते जाते उसके जन्म के उत्सव.

(2006)

चेहरा

विचार और चेहरे के बीच एक घनिष्ठ संबंध है
वे एक दूसरे को गढ़ते ढालते बनाते बिगाड़ते रहते हैं
एक इच्छा चिड़िया की तरह भीतर जन्म लेती है
और एकाएक चेहरे पर उड़ान की तरह प्रकट हो उठती है
एक अच्छा विचार माथे की शिकन मिटा देता है
कुटिल चेहरे तत्काल अपने विचारों को कलुषित बना देते हैं
किसी नफ़रत में ढले हुए वे एक समान दिखते हैं
एक दूसरे की नक़ल करते हुए
एक जैसे अंडाकार सिर एक-सी मूंछें एक-सी मंद मुस्कान
जैसे किसी एक गिरोह के राष्ट्रीय अंतरराष्ट्रीय सदस्य

ग़ौर से देखें तानाशाह चेहरे तमाम एक सरीखे हैं
भले ही वे अलग-अलग देशकाल के अत्याचारों के निशान हों
सिर्फ़ अन्याय की विजय यात्रा ने बढ़ा दिये हैं उनके तमग़े सितारे
उनकी तस्वीरें इतनी धुली-पुंछी हैं जैसे वे अब भी करते हों राज
एक अमानुष की भंगिमा से एक अमानुष झांकता है
वह उसे छिपाता नहीं बांटता चलता है जगह-जगह
चेहरा और चरित्र जैसे ही एक होते हैं बदल देते हैं आदमी की चाल

महंगे ताक़तवर चेहरे हर तरफ़ बढ़ते जा रहे हैं
उनकी एक जैसी हंसी आंखों में एक जैसी चमक
आरामदेह चेहरों पर सजे-धजे बैठे हुए उनके विचार
वे एक ग़रीब देश में जीने के शानदार तरीक़े बेचते रहते हैं
हाथ में शक्तिवर्धक दवा लिये हुए

एक महानायक समाज को आंख मारता है
इन्हीं चेहरों से बना है हमारे वक़्त का प्रमुख आततायी विचार

उन चेहरों में भी काफ़ी मेलजोल है
जो अकसर निर्बल डरे हुए हैरान मूक एकटक देखते रहते हैं
उन पर मर्म भेदनेवाली कहानियां लिखी हैं
एक चेहरा स्याही के धब्बे जैसा एक चेहरा नंगी नुकीली
चट्टान जैसा एक चेहरा आंसू की बूंद जैसा गिरने-गिरने को
एक चेहरा जो मार खाकर रोया नहीं[1]
कभी-कभी अचानक कौंध जाता है विचार की तरह.

(2006)

1. निराला की पंक्ति 'देखा मुझे उस दृष्टि से जो मार खा रोयी नहीं' से प्रेरित

त्वचा

त्वचा ही इन दिनों चारों ओर दिखती है
त्वचामय बदन त्वचामय सामान
त्वचा का बना हुआ कुल जहान
टीवी रात-दिन दिखलाता है जिसके चलते-फिरते दृश्य
त्वचा पर न्योछावर सब कुछ
कई तरह से लेप उबटन झाग तौलिये आसमान से गिरते हुए
कमनीय त्वचाओं का आदान-प्रदान करते दिखते हैं स्त्री-पुरुष
प्रेम की एक परत का नाम है प्रेम
अध्यात्म की खाल जैसा अध्यात्म
सतह ही सतह फैली हैं हर जगह उन पर नये-नये चमत्कार
एक सुंदर सतह के नीचे आसानी से छिप जाता है एक कुरूप विचार
एक दिव्य त्वचा पहनकर प्रकट होता है मुकुटधारी भगवान

यह कोई और ही त्वचा है
जो जीती-जागती धड़कती देह में से
उसकी सुंदरता बनकर नहीं उपजती
जो सांस नहीं लेती
जिसके रोयें नहीं सिहरते जिसे पीड़ा नहीं महसूस होती
यह कबीर की मुई खाल नहीं है
जिसकी सांस लोहे को भस्म कर देती है
यह कोई और ही त्वचा है जो कोई पुकार नहीं सुनती
जिसे छूने पर रक्त नहीं उछलता हृदय नहीं पसीजता

झुर्रियों के समुद्र में विलीन होती मोटी खाल की एक नदी
अपने साथ बहाकर ले जाती है

सुगंधमय प्रसाधन तौलिये उबटन
इसी पर नाचते हैं हमारे विचार
देखो एक रोगशोकजरामरणविहीन कविता की दशा
वह यहां त्वचा की तरह सूखती हुई पड़ी है.

(2004)

आंखें

आंखें संसार का सबसे सुंदर दृश्य हैं
उनमें जो दृश्य दिखते हैं वे और भी सुंदर हो उठते हैं
एक पेड़ सिहरता है एक बादल उड़ता है नीला रंग प्रकट होता है
सहसा अतीत की कोई चमक लौटती है
उनमें कुछ ऐसी चीज़ें भी झलकती हैं जो दुनिया में अभी आने को हैं
वे दो पृथ्वियों की तरह हैं
प्रेम से भरी हुई जब वे दूसरी आंखों को देखती हैं
तो आंखों ही आंखों में लंबे और बुरे दिन कट जाते हैं

यह एक पुरानी कहानी है
कौन जानता है इस बीच उन्हें क्या-क्या देखना पड़ा
और सुंदर चीज़ें किस तरह धुंधली होती चली गयीं
अब उनमें दिखता है एक ढहा हुआ घर कुछ हिलती-डुलती छायाएं
एक पुरानी लालटेन जिसका कांच काला पड़ गया है
वे कुछ नहीं कहतीं सिर्फ़ प्रकाश सोखती रहती हैं
सतत आश्चर्य में खुली रहती हैं
चेहरे पर महज़ शोभा की वस्तुएं किसी विज्ञापन में सजी हुईं.

(2006)

बाल

बाल ही बाल चेहरे के आसपास उसके ऊपर पीठ के नीचे तक
प्रेम के निवास करने की सबसे सघन जगह
वे उगे लंबे हुए संवारे काटे गये फिर से छा गये जीवन में
वे पृथ्वी पर बादलों की तरह झुके हैं
उनमें हवा और बारिश है सूर्य और चंद्रमा उनके भीतर से उदित होते हैं
उनके नीचे कई कल्पनाओं से भरा एक मस्तिष्क है
जो इच्छाएं पैदा करता रहता है

एक दिन अचानक एक बाल निकलकर आता है
और फिर गुच्छे ही गुच्छे चारों ओर नहानघरों में सड़कों पर नाबदानों में
जीवन की चादर पर छितरे हुए धब्बे
एक दुघर्टना जो समझ में नहीं आती
जो इसी मस्तिष्क में घटित होती है
कौन कह सकता है वे कैसे कब क्यों गिरते हैं
वे सिर्फ़ बाल हैं या वह प्रेम है रेशे-रेशे गिरता हुआ.

(2006)

यही एक तस्वीर

यथार्थ के नाम पर यही एक तस्वीर है
इसी की तरफ़ मैं बार-बार लौटता हूं अकेले में देखने के लिए
अंधेरे और उजाले के एक खेल
जिसमें वास्तविकता अपनी मूल जगह से हटी हुई है
यहां जो कुछ है वह किसी संयोग से एकत्र हुआ है
जिसमें अब किसी और का प्रवेश संभव नहीं है
और यह सब कितना अपूर्ण है और इसका भी समय बीत चुका है

इस तस्वीर में किसी यथार्थ की कल्पना है जो इसमें दिख रहा है
उस कल्पना का यथार्थ है जो इसमें छिपी हुई है
इसका वर्णन करना कठिन है
क्योंकि उसके लिए तस्वीर से उठ कर बाहर जाना पड़ता है
उस जगह उस समय उस क्षण जहां यह घटित हुआ
लेकिन इससे बाहर जाना भी आसान नहीं है
ऐसा करते ही समूचा दृश्य ढहने लगता है
सब कुछ परछाईं में बदल जाता है
जीवन अंधकार की तरह घुमड़ता हुआ आता है
और क्योंकि कुछ भी दुबारा घटित नहीं होता
इस तस्वीर को इसके यथार्थ में लाना इसे नष्ट कर देने की तरह है

फ़िलहाल इसमें कुछ मेज़ें-कुर्सियां बिछा दी गयी हैं
दो-चार पेड़ों की छाया हरियाली और धुंध से घिरे पहाड़ के साथ
कुछ लोग हैं स्त्री-पुरुष और वे ख़ुश हैं
वे कुछ खाते हुए या कुछ कहते हुए दिखते हैं
एक की आंखें दूसरे को एकटक देखती हैं

और वे निश्चिंत हैं जैसे यहीं थे और यहीं रहेंगे
पेड़ पहाड़ और घास की तरह

इस तस्वीर में अब नया कुछ नहीं हो सकता
सिवा इसके कि यह पुरानी और धुंधली होती रहेगी
और वह क्षण इसमें कभी नहीं आयेगा
जब लोग अप्रत्याशित ढंग से उठ खड़े होते हैं
और अलग-अलग अपने कठिन रास्तों की तरफ़ चलने लगते हैं.

(2001)

पार्क में सुबह

औरतें ज्यादा जियेंगी
वे तल्लीन होकर हवा को चीरती हुई चल रही हैं
सुबह के छोटे-छोटे फूल चुन रही हैं
घूमते हुए वे अपने दुखों का चिट्ठा नहीं खोलतीं
धीमे-से झाड़ियों की ओर जाती हैं उनकी ओस आंखों पर मलती हैं
ताकि चीज़ें ज्यादा अच्छी तरह दिख सकें
और फिर बेंचों पर बैठ जाती हैं
झाड़ियों फूलों पत्तियों हवाओं की तरह

मर्द जियेंगे कम उम्र
पार्क में उनके आकर्षण की कोई ख़ास चीज़ नहीं है
इतना सारा हरा रंग लेकर वे क्या करेंगे
वे चक्कर काटते जाते हैं अपने पैरों की धमक सुनते हुए
तेज़ बोलते हैं कसरत करते हैं
अकसर संपत्ति लेनदेन क़र्ज़ ब्याज़ के बारे में बात करते हैं
और जब वे हड़बड़ी में
ज़ोरों से फाटक खोलते हुए बाहर आते हैं
तो इस तरह जैसे पेड़ ही उखड़कर चले आ रहे हों पार्क से.

(2005)

कवि और चिड़िया

क्या वह गली मोहल्ले क़स्बे का एक छोटा-मोटा बंदूक़बाज़ है
जो शाम होते ही
झाड़ियों के पीछे छिपे किसी तीतर-बटेर की टोह में रहता है
दबे क़दम कुछ दूर जाकर निशाना साधता है
हवा में बंदूक़ के छर्रे उड़ते हैं
वह जानता है उसकी एक शाम का जुगाड़ हो चुका है
दबोचकर उसे हाथ में झुलाता सीधे चला आता है घर

या वह कोई पुराना पक्षीप्रेमी है
बाज़ार से ख़रीद लाता है छोटी रंगीन सुंदर चिड़ियां और उनका कलरव
उन्हें सजाता अपनी बैठक में बालकनी पर
दूर से फुदकती दिखती हैं रंगबिरंगी चिड़ियां
वह उन्हें पालता रहता है उनसे वार्तालाप की कोशिश करता
वे उसके पिंजड़े में आकर चुप हो जाती हैं
उनकी नीरवता को वह बना देता कविता

या फिर वह न चिड़ीमार है न चिड़ियों का पालनहार
उनकी फ़िराक़ में नहीं रहता देखता है जब वे दिख जाती हैं
उनके पास जाने की कोशिश नहीं करता
बल्कि उस झाड़ी से कुछ दूर चला जाता है निःशब्द
जहां चिड़िया अपना दानापानी जुटाती या आराम कर रही होती है
और जब वह अचानक उड़ती है तो वह ग्लानि से भर उठता है
जैसे वही हो इसका ज़िम्मेदार.

(2003)

धुआं

यह उसे पता चल पाता है जो बाहर से आता है
मैं ज़्यादातर भीतर रहता हूं
उड़ाता पीता उगलता हुआ धुआं
धुएं से घिरा काग़ज़ पर झुका हुआ
धुआं तंबाकू का ख़यालात और उधेड़बुनों का
और वह ज्वालामुखी जो मेरा दिल था
उसका भी धुआं कुछ बचा हुआ

जो बाहर से भीतर आता है वही डपटता है मुझको
कहता अरे तुम कैसे रह लेते हो
इतनी तीखी गंध तुम्हारे भीतर ऐसा घना धुआं.

(2005)

बस में वृद्ध

मदर डेयरी के पांच रुपये दो कंडक्टर बोला उस बूढ़े से
मैं जिसकी बग़ल में आकर बैठा ही था
मेरे पास नहीं है पैसा कुछ इस तरह कहा वृद्ध ने
जैसे यह बात बहुत गर्व करने की हो
उसके स्वर में एक अभेद-सा स्वाभिमान था
जो बड़े-बड़े पैसेवालों के पास नहीं होता है
जिनको साहस का पुतला समझा जाता है

दिल्ली के उस बदज़ुबान बसवाले के मुंह से भी बोल न फूटे
वह झेंपता हुआ-सा चला गया आगे
शायद बूढ़े ने उसके भीतर कोई बात नयी पैदा कर दी थी
शायद यह दो बदहालों के मिलने का क्षण हो
मैंने सोचा मेरे पास बचा है पैसा अच्छा हो मैं उसका टिकट ख़रीदूं
जो अब भी निस्पृह बैठा था सबसे

सहसा मैं सहम गया
मेरी क्षुद्र मनुष्यता ने कितना अपमान किया होता उम्रदराज़ उस महापुरुष का
जिसने कितने बरस बिताये होंगे इसी शहर में
जहां पूरा जीवन ही पैसे का खेल बना है
लोग यही कहते दिखते हैं उनके पास बहुत है पैसा

उतर गया मैं बस से अपनी जगह अंधेरे में
एक झलक देखा उस बूढ़े को जो कहीं और देखता था अब
मन ही मन कुछ देर झुका मैं अपने भीतर.

(2001)

निर्जन दरवाज़ा

मैं रोज़ एक निर्जन में जाता था
जाकर उस निर्ज़न के दरवाज़े पर दस्तक देता था
नहीं था कोई भीतर बस ताला था बाहर पड़ा हुआ
वह एक विचित्र रूप अंधेरे का
मेरी आवाज़ उस बंद बियाबानी के भीतर जाती थी
उसकी चीज़ों को छूती-सहलाती थी
हर जगह दर्ज आवाज़ की अंगुलियां-हथेलियां
आवाज़ की देह सब कुछ को आलिंगन में लेती

मैंने छुआ उस दरवाज़े को कहा खुलो-खुलो
फिर सहसा घबरा कर वापस आया
गोया यह कोई ग़लती थी
यों ही किसी वर्जित प्रदेश में चला गया था मैं
या निर्जन दरवाज़ों के पीछे कोई रहता भी है यह मेरा भ्रम था

एक दिन कोई लौटेगा इस घर में
खोलेगा दरवाज़ा देखेगा भीतर तक कोई आया था
चीज़ें नयी-नयी दिखती हैं धूल भी उनकी पुंछी हुई है
जैसे कुछ देर रहा हो वह इस घर में.

(2001)

पैसा

बचपन में वह छोटे-से सिक्के की शक्ल में दिखता था
वह चमकता था मैं उसे उछालता हुआ चलता था
सोचता था वह हमारे पहाड़ पर पैदा होता है पत्थरों के आसपास
उसके बदले मिल जाती थी मूंगफली
या इलायचीदाना या लेमनचूस
यह जीवन में एक नयी आवाज़ थी एक नया स्वाद
एक दिन मैंने एक सिक्का निगल लिया
और वह गले में अटक गया
मैं आह-आह-ओह-ओह करता छटपटाया
घर के लोगों ने मेरी पीठ पर धौल जमाये
तब जाकर वह बाहर आया
यह पैसे से मेरे डर का पहला पड़ाव था
जब बड़ा हुआ तो दिखे सिक्कों के जमा होने और खनखनाने के दृश्य
पैसों के गिने जाने या दुगुने-तिगुने होने के रहस्यमय दौर

इन दिनों लोग पैसे का शिकार करते दिखते हैं
यह हमारे युग का प्रमुख व्यवसाय है
बड़ी-बड़ी कारों के क़ाफ़िले दूर-दूर तक जाते हैं
नयी शिकारगाहों की टोह में विमान उड़ानें भरते हैं
झिलमिल करतीं सोने की सभ्यताएं तैरतीं नौकाएं रात के समुद्र में
पैसे पर सवार धर्माधीशों की शोभायात्रा निकलती है
ज़्यादा पैसे की खोज में
दिन-भर लूटकर झपटकर जो लौटता है

वही खिलखिलाता है सुनाता चुटकले
पैसों के ढेर पर बैठकर खिंचाता अपनी सबसे अच्छी तस्वीर

एक बार मैंने निकट से देखी दरिद्रता
निकाल कर देखे अलमारी से मेज़ की दराज़ से जेबों से
ढेर सारे मुड़े-तुड़े पुर्ज़े ख़ाली लिफ़ाफ़े पुरानी डायरियां
सब जगह दर्ज थीं संख्याएं गुणनफल जोड़ घटाव
चिट्ठियों के धुंधले पड़ते अक्षरों पर बैठा था हिसाब
कविता पंक्तियों के अगल-बग़ल बीच में घुसे हुए थे अनेक शून्य
शब्दों को काट कर लिखी हुई संख्याएं चक्रवृद्धि करती हुईं
मैं जितना क़र्ज़ चुकाता उतना घटाता घूम-फिरकर उतना ही जोड़ आता
एक सीढ़ी से ऊपर चढ़ता एक सांप के मुंह से नीचे गिरता
मैंने देखा जो मेरा सबसे प्रिय था मेरा आत्मीय
उससे मैं मांगता था पैसा.

(2002)

एक शिशु जन्म

जन्म का पहला धुंधला प्रकाश उसकी पहली पीली किरण
पहली अनछुई त्वचा उसके थोड़े से कोमल बाल
उसके पहले रोयें उसकी मुट्ठी भर नग्नता
उसका हृदय तेज़ धड़कता हुआ
दूर से ही दिखता हुआ उसके रक्त-संचार का रंग
संसार में फैलती हुई उसकी पहली गहरी सांस पहली चिड़िया
हाथ-पैर हिलाती उसकी पहली उड़ान

तुम अगर कोई जन्म ले सको तो तुम्हारे साथ भी होगा यह सब.

(2004)

समारोह

समारोह संवाद है संवाद समारोह
वह जो वहां हुआ नित्य प्रति ही जो होता है
वह जो होने को है कुछ अंधकार कुछ प्रकाश में

आते थे उसमें लोग सजे-धजे-सँवरे अपनी अच्छी पोशाकों में
कुछ ऊपर और नीचे कुछ सबसे आगे बैठे
मंच पर जब प्रकाश होता दर्शकदीर्घा में अंधकार छा जाता
सब अलग-अलग कुछ कहते थे सुन पड़ता एक सरीखा कुछ
वह कभी शोक था कभी ख़ुशी का अवसर
जन्मदिवस या मौन सभा या अभिनन्दन
मृत्यु भी है किसी दूसरी दुनिया में एक विमोचन

संकट के इस समय क्या नया कहें
सो उन्हीं पुरानी बातों और यादों से काम चलाते हैं
एक अनुष्ठान में परिक्रमा करने सब आते हैं सब जाते हैं
तामझाम ज़्यादा है कुछ तो वह दुख कम करने की ही ख़ातिर है
एक शोक में हुए इकट्ठे एक ख़ुशी में तितर-बितर
सभी सोचते इसी तरह फिर
जब मौका आयेगा अवश्य मिलेंगे
और मौक़े आते ही रहते हैं कभी-कभी तो प्रतिदिन
'ऐसा अमर अपार्थिव पूजन'.

(आख़िरी पंक्ति सुमित्रानंदन पंत की एक प्रसिद्ध कविता से साभार; 2002)

लोकगीत

जाना वहां जहां कुछ ढहता-धंसता आता हो
रहना वहां जहां बहुत दिनों से कोई रहा न हो
जब मजबूरी में घर-दुआर छोड़कर लोग चले गए हों
रहे हुओं की कुछ चीज़ें हों इधर-उधर

मत जाना किसी अन्यायी धूर्त चतुर के घर
सजे-धजे कपड़ोंवाले लालच के प्रेतों के पीछे
रस्ता एक दूसरा कर लेना
जब मेहनत-मज़दूरी का भी मोल न रह जाये
डेरा-डंडा जो बचा-खुचा हो उसे बांध चल देना

कुछ देर बैठना वहां जहां
पथरी रस्ते पर एक तुम्हारा परिचित पत्थर होगा
वहां छिपी हुई हवा आयेगी
तुम्हें देख कर कोई पत्ता हिलता-डुलता होगा
इतना ही काफ़ी है
सो रहना वहां जहां
किसी दीवार की छाया पड़ती होगी जीवन पर.

(2002)

शांतिनिकेतन रिपोर्ताज

एक यात्रा के बिंब

जलरंग

उस छोटे-से विस्तार में एक अनंतकाल था
और भी कई तरह के काल थे गगनेंद्रनाथ रामकिंकर बैज
मास्टर मोशाय बिनोद बिहारी मुखर्जी
सभी से झरती थी कम या ज्यादा उनके काल की धूल
सिर्फ़ रबींद्रनाथ किसी तरह जीवित रखे गए थे
वे अब भी दिख जाते थे शांतिनिकेतन बसाने के लिए
किसी से मांगते पृथ्वी का एक टुकड़ा एक अदद दीवार
एक पौधा एक झोंका हवा थोड़ा-सा आकाश

यहां आकर मनुष्यों के व्यवहार बदल जाते थे
वे हो जाते गंवई गंवार संथाल बाउल
दुनिया को पागल बतलाते ख़ुद को लालन फ़क़ीर कहते
घर जाते-जाते एकाएक जंगल की ओर चल देते
एक घूंट चाय पीकर बोलपुर को निकल देते
जहां ट्रेन की आवाज़ सर्दी की धुंध को हटाती आती है

दूर एक मेले से आती थी एक बाउल बच्चे की पुकार
अरे उठाकर ले जाओ अपना यह संसार
तुमने हिंसा ही पैदा की नफ़रत ही फैलायी
हम यहां बड़े होने से करते हैं इनकार

सड़क पर मैदान में मिट्टी के अश्वमेध घोड़ों के बीच बैठे
चाय पिलाते झाल-मूड़ी खिलाते

सर्दी में कांपती एक स्त्री को रिक्शे पर बिठाकर
घर पहुंचाते लोगों का भी एक काल है
कुछ आगे चलो तो रामकिंकर के भुरभुराते शिल्पों में
तुम देख सकते हो काफ़ी समय से खड़ा है इन्हीं लोगों का परिवार
कला भवन सोमनाथ होर की दीवार तक पहुंचते हो जाती है रात
और फिर दिन भर के जलरंगों पर गिरने लगती है तेज़ बरसात

हर चीज़ जो ढहती है
उसके नीचे उसके होने की कथा छिपी हुई होती है
एक धूल जो यहीं जमी है
और घूमती हुई हवा जो इसे छोड़कर कहीं नहीं जाती
दीमकें कई विशाल पेड़ों को धराशायी कर चुकी हैं
फिर भी एक पेड़ एक जंगल दिखता रहता है
उसकी ओर इशारा करते हुए लोग फिर से कहते हैं रबींद्रनाथ.

दिन में वन

दिन में देखो तो एक जंगल एक बीहड़ पार करना कठिन
रात में वह सिर्फ़ एक पेड़ है
उसके भीतर एक रास्ता है जहां दूर तक जाना सरल है
यह सप्तपर्णी है
दिन में एक वन रात में एक वृक्ष.

पेड़

एक पेड़ था शिरीष का नील का या छातिम का
इस घर में पहले वही रहता था
जैसे वही हो इसका मूल निवासी गृहस्वामी
कई बार वह सूखा फिर हरा हुआ
बीमार पड़ा तो अपने पत्तों में अपने घाव छिपाता रहा
जब मरने को हुआ तो गया घर से बाहर

अभी तुम जिस ठूंठ पर बैठे हुए सुस्ताते हो
वह यही पेड़ है जो कभी ठाठ से रहता था घर के भीतर
देखो एक और पेड़ अपने बीज गिराता है उसके ऊपर.

पश्चिमपल्ली

पूर्वपल्ली में पूर्वपल्ली रहती है
उत्तरपल्ली में उत्तरपल्ली दक्षिणपल्ली में दक्षिणपल्ली
पश्चिमपल्ली में कोई नहीं रहता
सूर्योदय के इस आकाश में सूर्यास्त के लिए कोई जगह नहीं बनी
सिर्फ़ रात जब एक काले उत्तरीय की तरह गिरती है
तुम पूरे शांतिनिकेतन को कह सकते हो पश्चिमपल्ली.

इकतारा

रात के बीचोबीच तना हुआ एक तार है
ऊपर एक खूंटी जो अकसर अदृश्य रहती है
और नीचे काठ का एक खोल जिस पर पूड़ लगी है
बूढ़ा बाउल इसी खोल में रखता है अपना संगीत
भिक्षा में मिले हुए रुपये-पैसे
इसी में वह खाना रखता है इसी में खा लेता है
इस तार के चारों ओर सभी बिरादर सो रहे हैं
बेचैनी के बिस्तर पर हंसी की रज़ाई ओढ़े
काटते सर्द रात.

बाउल

ओ भाई बेला कुबेला सब चली गयी
सूर्य अस्त हो गया और चंद्रमा गिर पड़ा
अब तुम्हारी नाव में रात का पानी हहराता आता है
उसे उलीचते-उलीचते ही कैसे बीत रहा तुम्हारा जीवन

ओ भाई देखो यह गोलमाल दुनियादारी
इस प्रीत के भीतर क्या है भय ग़ुलामी झकमारी
कोई नहीं जानता प्रेम किसी को मिला नहीं मोनेर मानुष
देखो सब किस तरह मरण की शरण में हैं जीवित

तुम भूल गये अपना जन्म कहां गया तुम्हारा बचपन
अकेले में भी तुम्हारे रोओं में नहीं होती सिहरन
लालच के हाथ स्वार्थ के होंठ अनिद्रा सरदर्द
तुम्हारा मुंह चिढ़ा रहा तुम्हारा ही जीवन
रात एक नदी एक मैदान एक छाया एक दीवाल
एक काली चिट्ठी एक बुझा हुआ तारा अटका है पेड़ पर
कोई पूछने नहीं आता तुम्हारा हाल

ओ मां कच्ची हांडी जैसा सुलगता है मेरा मन
आंसुओं का बिस्तर बना हुआ है यह तन.

तस्वीर

तस्वीर जितना खींचो
उतना ही धुंधला दूर होता जाता है शांतिनिकेतन
दिन की तमाम तस्वीरें रात में खींची हुई लगती हैं
एक पुरानी इमारत एक बूढ़ा दरवाज़ा कुछ स्याह झाड़ियां
और एक शिल्प जो हमेशा अंधेरे का आलिंगन किये रहता है
तानपुरे को सहेजकर
घर जाती हुई एक स्त्री का चेहरा केशों में छिपा हुआ है
उसकी काली आंखें एक बीते हुए समय में झांकती हैं

तुम्हें बहुत पहले यहां आना चाहिए था
या फिर पिछले ही दोलोत्सव में तुम आये होते
जब यह जगह एक विशाल खुले हुए दरवाज़े की तरह थी
तब तुम एक फ़ालतू चीज़ की तरह नहीं भटकते
अपने स्वार्थ और लालच को छिपाये हुए

तब बीत सकता था तुम्हारा समय
एक बड़ी-सी तस्वीर में प्रवेश करने के बारे में सोचते हुए
लेकिन अब लौटते हुए तुम पिक्चर पोस्टकार्ड ख़रीदते हो
जो दूकानों में खिंचे हुए रखे हैं पता नहीं कब से.

नष्टनीड़

यह दिसंबर है छुट्टियों के दिन
बंद है रबींद्रनाथ का घर और पाठ और प्रार्थना भवन
हारमोनियम पर अपने बेटे के साथ अजय राय गाते हैं पुराने स्वप्न
मंजुरानी सिंह दिखलाती हैं
नंदलाल बसु के भित्तिचित्रों से झरता पीलापन
रामकिंकर के विशाल शिल्प से गिरा हुआ एक टुकड़ा
सूखे पत्तों के बिस्तर पर सो रहा है
ग़रीबी एक पुरानी पीली साड़ी लाल मिट्टी पर उड़ती हुई

लोग कहते हैं शांतिनिकेतन टूट रहा है
जगह-जगह कंटीले तार लग रहे हैं
चहारदीवारियां उठती हैं पलस्तर गिरता है
जब पहली कारें आयीं
जब नयी काट के जूते आये जब घास रौंदी गयी जब धूल उड़ी
तो टूटना शुरू हुई यह जगह

शाम होते ही दिन भर के फूल मुरझाते हैं
शाम होते ही हो जाते हैं दिन भर के दरवाज़े बंद
और जहां-जहां ताले लगे हुए दिखते हैं
वहां तो समझिए इसे लगभग नष्ट.

(2004)